大学行政論

川本八郎＋伊藤 昇＝編

東信堂

はじめに

　『大学行政論Ⅱ』は、『大学行政論Ⅰ』の続編である。
　『大学行政論Ⅱ』は、目次をみていただければわかるように、私立大学としての新しい取り組みを中心にまとめたものである。それぞれに固有の「新しさ」や立命館としての特徴があるが、それらの本質は、私立大学としての知恵である。財政の圧倒的部分を学費に依存し、それゆえ資源に制約のある私立大学が、教育研究の発展を図ろうとすれば、知恵をだしてその制約を克服する必要がある。各章では、直接、間接にその知恵が語られている。
　各章で語られている知恵が、「運営」から「経営」へと様変わりしつつある大学の一つの証でもある。また、その知恵が職員のプロフェッショナルな業務力量の一つの証であり、「アドミニストレーター」への一歩であるのかもしれない。
　18歳人口の減少、2007年の「大学全入」そして国立大学法人という新しい枠組みの中での国立大学の「改革」など、私立大学、私学をとりまく状況は、きわめて厳しいものとなっている。だからこそ知恵が必要である。しかし、知恵はその基盤となる一定の質と量の知識を必要とする。ここでいう知恵と知識は、何か抽象化された理論ではなく、生き生きした実践から生みだされた知恵と知識である。
　企業において、ナレッジ・マネジメントが議論され、久しくなっている。そこでは、ナレッジの創出とその共有が大切だとされている。また、共有が次のナレッジを創出するとされている。このナレッジも、企業の現場や現実の中から生み出されたナレッジである。
　各章の「固有の『新しさ』と立命館としての特徴」とは、まさに生き生きした実践から生みだされた知恵と知識であり、ナレッジである。
　本書でどれほどの知恵と知識を披露できているのかどうかは、それは学園の力量の反映でもある。これは読者諸氏の判断を待つものである。むしろ、日本の教育に占める私立大学の果たしている役割を考えれば、読者諸氏から、本書への批判あるいは意見として、各私立大学へその「資源の制約」を乗り

越える知恵と知識をお寄せいただき、各私立大学が知恵と知識を競い合い、切磋琢磨することになれば、望外の喜びである。

　また、あとがきにかえて、「大学行政学」の試論を掲載した。いまだ「大学行政学」は学問分野として確立されているわけではない。われわれは、実践から生まれた知識と知恵から「大学行政学」という新たなジャンルをつくる試みに挑戦していきたいと考えている。

　本書が、私立大学の知識と知恵を生み出す一助となれば幸いである。

　　　2006年4月

　　　　　　　　　　　　　　　　　　　　　　　　　　　川本八郎／伊藤昇

目　次

はじめに……………………………………………………………………………1

第1章　教育・研究の国際戦略とアジア交流
―アジア太平洋地域のハブ大学をめざして
・・・鈴木　元……………………………………3

はじめに…グローバル化時代における大学改革……………………………3
- Ⅰ　立命館最初の国際協力事業への参画………………………………5
- Ⅱ　明確になった国際協力事業参画の意義……………………………8
- Ⅲ　立命館における国際化の経緯………………………………………10
- Ⅳ　始動する国際協力事業………………………………………………13
- Ⅴ　平和の課題での国際協力・連帯……………………………………16
- Ⅵ　中国の大学管理運営幹部特別研修…………………………………20
- Ⅶ　国際共同研究…………………………………………………………25
- Ⅷ　孔子学院の誘致と孟子像の受贈……………………………………28
- Ⅸ　アジア各国に広がる国際協力………………………………………31
- Ⅹ　国際化時代に求められる大学アドミニストレーター像…………34
- 　　質疑応答………………………………………………………………37

第2章　初等中等教育と高等教育―その有機的連携
・・・高杉巴彦……………………………………41

はじめに……………………………………………………………………………41
- Ⅰ　初等教育と高等教育との連携………………………………………41
- Ⅱ　人材流通のグローバル化と付属校政策……………………………42
- Ⅲ　中核部分を担う学生たちを育成する………………………………43
- Ⅳ　学力問題をどうみるか………………………………………………44
- Ⅴ　学歴インフレと学生のモチベーションづくり……………………46
- Ⅵ　学校間競争、学力の意味……………………………………………47
- Ⅶ　粘り強い生徒を育てる………………………………………………48

Ⅷ　キャリア教育の重要性……………………………………………50
　　Ⅸ　学内進学とキャリア意識の醸成…………………………………51
　　Ⅹ　キャリアマインドを養成するプロ集団…………………………53
　　　　質疑応答………………………………………………………………54

第3章　エクステンションセンターと大学教育
―プロフェッショナル人材の育成
・・・安達亮文……………………………………………59

はじめに………………………………………………………………………59
　Ⅰ　エクステンションセンターの事業概要……………………………59
　Ⅱ　エクステンションセンター設立の背景と基本的考え方…………64
　Ⅲ　これからの課題－新たな高等教育情勢の展開の中で……………69
　Ⅳ　新たなレベルでの課外教育事業の検討……………………………71
　　　質疑応答………………………………………………………………74

第4章　立命館スポーツの到達点
―アメリカンフットボール部・パンサーズの軌跡
・・・平井英嗣……………………………………………83

はじめに………………………………………………………………………83
　Ⅰ　「甲子園ボウル」そして「ライスボウル」………………………83
　Ⅱ　パンサーズの歴史……………………………………………………84
　Ⅲ　チームづくりは人づくりの基本方針………………………………90
　Ⅳ　人材確保が勝利への道………………………………………………91
　Ⅴ　部員の定着と活性化…………………………………………………93
　Ⅵ　選手の自信とコーチ…………………………………………………95
　Ⅶ　文武両道をめざす取組み……………………………………………96
　Ⅷ　精神的健康への注意…………………………………………………97
　Ⅸ　コーチの自己研鑽……………………………………………………97
　Ⅹ　その他の人的インフラ整備…………………………………………99
　Ⅺ　縁の下の力持ち・学生スタッフの活躍…………………………100
　Ⅻ　スチューデント・アスリート……………………………………101

XIII　米国人コーチに学ぶ……………………………………………102
　　XIV　地域と喜びをともに……………………………………………103
　　XV　コーチと情熱……………………………………………………104
　　XVI　おわりに…………………………………………………………105

第5章　校友会の組織化―社会的ネットワークの構築
　　　　・・・志垣　陽……………………………………………………107
　はじめに……………………………………………………………………107
　　I　学園創造を主体的に進める役割をもつ校友の中心としての教職員
　　　………………………………………………………………………108
　　II　立命館大学校友会の規模と構成………………………………110
　　III　学園創造と校友…………………………………………………111
　　IV　立命館大学校友会の生い立ち…………………………………112
　　V　「立命館大学校友会98改革」…………………………………113
　　VI　校友を軸とした大学と社会との連携…………………………115
　　VII　立命館にいまこそ求められる校友政策の確立………………117
　まとめ………………………………………………………………………119
　　　　質疑応答………………………………………………………120

第6章　寄付政策から教育研究ネットワーク政策へ
　　　　―立命館寄付政策「プロジェクト60」
　　　　・・・伊藤　昇……………………………………………………125
　はじめに……………………………………………………………………125
　　I　社会的な教育研究ネットワークの橋頭堡としての寄付活動………126
　　II　立命館創始120年・学園創立90周年記念事業募金の展開と教訓…127
　　III　記念事業募金の教訓の発展―双方向型の教育研究ネットワークの形成
　　　　とその意義………………………………………………………128
　　IV　「社会的な教育研究資源・資金との教育研究ネットワーク事業」として
　　　　の「第4次長期計画の寄付政策」―「プロジェクト60」………131
　　V　「プロジェクト60」の成果……………………………………133
　　VI　まとめ―「プロジェクト60」の生み出したもの……………135

第7章 立命館アジア太平洋大学―本格的な国際大学の誕生
　　　　・・・今村正治···139
- はじめに···139
- Ⅰ　国際化のベンチマークとしてのAPU·····················139
- Ⅱ　好きなことしかしない大学職員？·······················140
- Ⅲ　小さな地球・APUの大きな意義························142
- Ⅳ　多文化多言語キャンパス·································143
- Ⅴ　大型公私協力、地域貢献・地域連携····················151
- Ⅵ　APUから大学アドミニストレーターを考える·········154
- 　　質疑応答···157

第8章 「大学コンソーシアム京都」の実験
　　　　―全国初の大学と地域の連携事業
　　　　・・・森島朋三···163
- はじめに···163
- Ⅰ　「大学コンソーシアム京都」成立までの経過············163
- Ⅱ　「大学コンソーシアム京都」の理念・組織運営··········166
- Ⅲ　「大学コンソーシアム京都」の事業計画の基本的な枠組み·········169
- Ⅳ　「大学コンソーシアム京都」の今後の課題－大学職員にとって····172
- 　　質疑応答···173

第9章 学園の改革を支えるクレオテック―会社設立から今日まで
　　　　・・・国原孝作···177
- はじめに···177
- Ⅰ　クレオテック設立から今日までの歩み··················177
- Ⅱ　クレオテック発展の原動力·······························181
- Ⅲ　学園への具体的貢献と課題·······························193
- Ⅳ　教育産業界の"雄"をめざして···························196
- おわりに···200
- 　　質疑応答···200

終　章 「大学行政学」の構築をめざして―あとがきにかえて
　　　・・・川本八郎・伊藤昭・伊藤昇・近森節子 ……………………………203

大学行政論　II

第1章 教育・研究の国際戦略とアジア交流
―― アジア太平洋地域のハブ大学をめざして

鈴木　元

はじめに…グローバル化時代における大学改革

　今、日本の大学は大激変、大競争時代に突入している。

　その際、つい最近までのマスコミなどによる大学問題の取り上げかたの多くは、18歳人口激減による競争環境の激化、全入時代における大学のありかたを中心に報道されてきたきらいがある。

　しかし日本の大学問題を論ずる場合、果たしてそのような日本の国内的視点のみで論じていていいのだろうか。今日、世界はグローバリゼーションの時代を迎え、国境を越えて人、物、金が動いている。製造業、金融業、農業などあらゆる産業において、どのようにグローバリゼーションに対応するかが迫られ、その対応に失敗したとき、その産業の盛衰はもとより国家の浮沈をも左右する事態となっている。

　それでは大学はどうなのか。今まで日本の大学で、どれくらいの大学が、グローバリゼーションに対応する戦略を構築し、改革を推し進めてきただろうか。きわめて心細いのが実態ではないだろうか。

　留学生の問題ひとつとってみても、世界の動向に目を向けて戦略的に取り組んでいるだろうか。中曽根政権時代に立てられた「留学生10万人計画」が、ようやく2003年になって達成されたが、その間にアメリカは留学生を10万人増やし60万人となっている。そして、この間に躍進著しい中国、そしてオーストラリアも一気に10万人を超え、日本を追い抜いた。留学生がどのくらい来てくれるかということは、その国、その大学が次代を担う世界の若者から注目され、世界に船出していく場として見られているかどうかのバロメータ

ーでもある。

　後に詳しく論じるが、学校法人立命館は、1988年に関西で最初の国際関係学部を創設して以来、国際化を追求してきた。そして2000年に日本で最初の本格的国際大学である立命館アジア太平洋大学を創立したのを画期とし、現在、学園全体の国際化を図る国際化の第三段階を進め、立命館学園は「立命館をアジア太平洋のハブ大学に」を合言葉に改革を進めている。

　そこで私は、立命館における国際化のこの二十年余りの経験と結びつけながら今日の日本の大学改革を論じたい。その際、従来日本では大学の国際化を論じる場合、そのほとんどが、留学生問題を含めた教育問題が中心であった。またせいぜい個々の教員による海外の大学との共同研究の体験報告の域を出なかった。しかしここでは教育の国際化、国際協力事業への参画、国際共同研究推進の三分野にわたって、大学が戦略を持って今日的な国際化をすすめる課題を、とりわけアジアに的を絞って論じることとしたい。

　同時に今日の大学改革を進める場合の決定的要素は、この改革を企画し、執行する大学アドミニストレーターの役割である。そこで私は、紙幅の許す範囲内で、私自身がどのように、事に向かって取り組んできたのかを報告し、今後の参考に供したい。

　そこで、私が最初にベトナムで国際協力事業に出会い、切り開いた経験を述べ、続いてその背景となっている国際関係学部の設置から立命館アジア太平洋大学の創設に到る立命館学園の国際化の経験を記す。その後、中国の大学管理運営幹部特別研修など立命館大学が他大学に先駆けて戦略をもって組織だって国際協力事業を推しすすめてきた経験を報告する。これらの取り組みを通じて立命館学園の関係者の中には、おぼろげながらも、21世紀の日本の大学のあり方の方向性が、しだいに見えてきた。

　21世紀は「知の国際競争時代」となる。日本が明治以来進めてきた「欧米に追いつき、追い越せ」の時代は終わった。欧米と競争しながら「知的創造社会」に移行しなければならない。

　本章ではそうした視点から、最近立命館が取り組んでいる、海外とりわけアジアの拠点大学と先端科学分野で国際共同研究を推し進めている具体的な

取り組みについても紹介する。そしてこれら全体を通じて、グローバリゼーション時代の21世紀における大学のあり方、それを支える大学アドミニストレーターのあり方について述べることにする。

I 立命館最初の国際協力事業への参画

1 ベトナムでの国際協力事業との出会い

2000年の12月23日から29日にかけて、私は初めてベトナムへ出かけた。

出かけた直接のきっかけは、私の知人である当時華頂短期大学教授であった藤本文朗氏から「ベトナムで行っている障害児教育担当教員養成講座の見学を兼ねて、一緒に来ませんか」と誘われたことである。

私は、「アメリカのベトナム戦争反対」で青春を過ごした者の一人として、かねてから現代のベトナムを見てみたいという気持ちを持っていたので、二つ返事で合流した。

藤本文朗教授は、滋賀大学の教授時代、1980年の国際障害者年を前にして国際的視野に立って障害者問題を考えようと、1979年に外国人として初めてベトナム戦争の後遺症と考えられる障害児の実態調査を行い、その深刻さに衝撃を受けた。その後、文部省の短期在外研究員制度等を活用して継続的に調査し、アメリカがベトナム戦争で使用した枯葉剤の被害が次世代まで影響していることの恐ろしさを痛感した。現地で、ベトナム最大の産婦人科病院であるツッーヅゥー病院で枯葉剤の被害と考えられる結合双生児のベト、ドク（当時四歳）に出会い、当時の主治医であったフォン博士から彼らにあった特製の車椅子作成の依頼を受け、日本で「ベトちゃんドクちゃんの発達を願う会」を結成した。それ以来、彼らのために特殊車椅子を寄贈したり、二人の分離手術などの様々な支援を行ってきた。さらにベト、ドクだけではなくベトナムにおける障害児全体を視野に入れて1992年から日本とベトナムの障害児問題の研究者・教育者の交流セミナーを毎年開催してきた。

そうこうしているうちに、ベトナムにおいてもドイモイと言われる改革開放政策がとられ経済成長が進み、障害児たちも学校に通いだしたが、彼らを

教えるために訓練された教員がいなかった。そこで藤本文朗教授は郵政省のボランティア貯金の支援を受けて、2000年にホーチンミン市の幼児師範学校の一角を借りて、現職教員37名の再教育事業を開始した。私は、その授業風景を参観し、熱心に授業する日本の教員と受講するベトナムの先生方の姿に感動した。

2　公的支援の申請を引き受ける

しかし聞くと、日本からベトナムに赴いて教鞭をとっている延べ48名に及ぶ人々は、交通費、滞在費すべて自費で参加されているとのことであった。

私は、その努力に感動するとともに、これらの人々の努力に対して、そして何よりもベトナムにおける障害児教育がより安定的なものとして発展するためには公的な支援の仕組みが必要であると考え、藤本先生に話したところ「ぜひお願いしたい」と依頼され、引き受けることにした。

ベトナムにおける障害児教育の実情であるが、現地に行きいろいろと調べているうちに多くのことが分かった。

まず、ベトナムの義務教育は全国的には五年制の小学校までで、四年制の中学校まで義務化されているのはハノイ、ホーチンミン、ダナンの三大都市で、現在、農村部への中学校の義務化を進めている途中である。障害児には義務化されておらず、その就学率は高く見ても10％程度である。そのため教員養成課程では「普通児」を対象とした教員養成しか行われてこなかった。ところが上記したようにドイモイ政策で国民の暮らしが改善されたこともあり、障害を持つ子どもたちも学校へ通いだし、障害児教育が課題となり、2001年にハノイ師範大学に、2003年にホーチンミン師範大学に障害児教育学科が作られた。しかし、新しく作られた障害児教育学科卒業の新任教員だけでは到底たりず、現職教員の再教育が課題となっていたのである。

3　国内外を折衝で奔走

ベトナムにおける障害児教育分野のリーダーを育成するためには、大学出の教員で次の幹部となる人々を人選して教育しなければならない。そのため

にはプログラムを正規の教育課程とし、その修了者には何らかの正規の学位を出さなければならない。当時ベトナムで障害児教育課程を立ち上げていたのはハノイ師範大学だけであったので、まず立命館大学とハノイ師範大学とがパートナーシップを組むことが必要であり、協定を締結した。

　すでに大学を出ている人に一般的な学部卒の資格を授与するだけでは応募者は出ない。しかしハノイ師範大学でも、まだ障害児教育分野での大学院は立ち上がっていなかったので修士や博士の学位は出せない。

　そこで日本にはない制度ではあるが、準修士つまりその科目に関しては大学で教える資格を持つという扱いにすることにした。また、現職の教員を1年半ホーチンミン市に集めて教育するので、その期間職場を離れて受講することになる。その間の給与保障、代理教員の確保など様々な問題を解決しなければならなかった。そのためにはハノイ師範大学だけではなく、ベトナムの教育を統括しているベトナム教育訓練省の同意・承認が必要であった。私は、日本でJICAと何回となく折衝すると同時に、ベトナムを訪ねてハノイ師範大学はもとよりベトナム教育訓練省の担当者と折衝し、担当副大臣とも2回直接交渉した。

　こうしてようやくベトナム側の内諾を取りつけたが、今度は日本の方で、アフガン戦争への参加のための戦費調達で新規予算がストップしたり、鈴木宗男事件の発覚によって、すべての支援事業の洗い直しなどによって審査が大幅に遅れる事態が生じた。やきもきする中でようやくJICAの内諾を得られ、日本政府（外務省）からベトナム政府（外務省）に支援を受ける意思があるかの打診があり、ベトナム政府内部では財務省の了解の下、日本政府に対して支援了解の返事をもらった。その上でJICAと立命館大学で契約して発動することとなった。したがつて日本国内での形式はJICAの草の根無償支援事業であったが、実質上は国家間約束に基づく支援事業を立命館大学が請け負うということであつた。

　こうして構想から実施までおよそに2年余りを費やして、ようやく2003年3月17日、ベトナム教育訓練省のマイ大臣も参加した開校式が行われ、2004年8月18日の修了式では15名が修了し、ハノイ師範大学やホーチンミン師範大

学の教員への就任をはじめ、ベトナムにおける障害児教育の専門家として育っていった。これは立命館と私自身にとって組織だった国際協力事業に取り組んだ初めての成果であった。

II 明確になった国際協力事業参画の意義

1 要求される現地への多面的理解

　私は、これらの取り組みを進めているうちに、大学が国際協力事業を推進することの大学にとっての意味について、しだいに認識を深めていった。

　日本の大学は明治以来、その営みの大きなエネルギーを、ヨーロッパやアメリカで確立した学問を導入し消化するという作業に費やしてきた。しかし、社会科学や人文科学も元々は現実の社会との格闘の中で理論化されてきたものである。しかし、日本では欧米の書物を通じて学ぶということに大きなエネルギーを費やしてきたために、現実を調査分析し理論化するという作風がどちらかというと弱かった。

　しかし国際協力事業に参画しようとすると、相手の国のことについてよく知らなければならない。それは調査なくしてはありえない。今回の障害児教育担当教員養成課程も、実施しようとすると、ベトナムの障害児の実態、ベトナムにおける教育制度を知ることを抜きに日本の経験だけを講義しても効果的なものにはならない。今回のプログラムを作るために様々な折衝を行ってきたが、その中でベトナムの教育事情についていくつかのことが分かった。

　例えば「教科書をどうするか」ということが話題にのぼり、その編纂が課題となった。ところがベトナムでは大学の教科書も国定であり、外国人であるわれわれが「教科書」を作成することはできないことが分かった。そこで日本の経験をまとめたものを「教材」として提供したり、講義した後に講義録としてまとめるというやり方を採用した。また日本や欧米では大学は研究・教育機関として位置づけられている。そのため大学の教員は研究者として自らの研究成果を教育するという建前になっている。ところがベトナムでは大学は教育機関でありテキストの編纂権もない。実験を伴う理工系は別にして、

人文・社系の研究は国立中央研究所で行い、大学の教員は、そこが発行する研究誌などから最新の研究成果を学び授業に生かすという仕組みになっている。したがって、ベトナムの大学には教員の個人研究室もない。

また、ベトナムにおける障害児教育のネックの一つが「課程制」にあることが分かった。日本の義務教育は学年制であり、一年間の教育を受ければ学年は自動的に進級する。しかしフランスの大きな影響を受けたベトナムでは、学年進級には政府が定める試験があり、一定の点数を取らなければ進級できないという課程制が採用されている。

この課程制は先生にも生徒にも到達目標を提示している点で、教育水準を保つために大きな役割を果たす。しかし知的障害児の場合、同じ期間に「普通児」と同じ水準に到達することは難しい。そのため五年間在学していても一年生のままという状態が続き、結局中退ということになる。

学年制である日本の障害児学校や障害児学級では、個々の障害児の状況に合わせて教育し、その子どもに合わせて可能な家庭生活、社会参加への成長を促している。この問題はハノイ師範大学と話しているだけではだめなので、ベトナム教育訓練省と信頼関係が確立するようになってから「知的障害児教育に関しては、課程制はなじまないのではないか」と、私たちの意見を忌憚なく述べるようになった。現在、ベトナムでもこれは検討中で、少なくとも障害児教育の分野では課程制を見直す動きが出ている。

2　問題意識を刺激する国際協力事業

こうしたことは、ベトナムにおける障害児教育担当教員養成課程を実施しようとする中で分かったことであり、一般的な書物の学習では分かりにくいことである。日本の大学における社会科学、人文科学の発展にとって、こうした実践的作風が必要であると思う。

それは、すでに大学の教員としての地位を確立している人にとってだけではなく、これから研究者となろうとする大学院生や、学ぼうとする学部学生にとっても必要なことである。そこで立命館学園では、教員がこうした取り組みに参加する時、院生や学生を同行し現地での調査活動などに参加させる

場合、学生や院生に一定の奨学金（補助金）を、教員には奨励金を出す仕組みを理事会に提案し、発足させた。

すなわち国際協力事業への参画が、単に国際機関が行う事業への協力・奉仕ではなく、学術研究教育機関である大学にとって、研究にも教育にも役立つことを証明し、大学として組織だって行う方向へ一歩推し進めることになった。これは、立命館における国際化を従来の教育分野から新しい段階を切り開くことになった。

次に、私のこうした行動や提案を大学として受け止め、大学として組織だって国際協力事業をすすめようという状況になっていったのだが、それには前提となる立命館の国際化の到達状況があった。そのことについて、記すことにする。

III　立命館における国際化の経緯

1　危機意識の共有から出発した国際化への改革

立命館は100年を超える歴史の中で様々な経験をしてきたが、1962年に経営学部、1965年に産業社会学部を創設した後、当時全国の大学を覆った学園紛争を経て、それと前後する約20年間大きな改革をなしえないでいた。そのために受験生が8万5,000人から4万5,000人へと急落するなど、その社会的評価を大きく後退させていた。

この危機的事態を直視した立命館は、1984年から計画的改革を進めた。この改革は大学執行部（常任理事会）のイニシアチブの下に進められたのであるが、戦後の立命館の伝統である、広く学生の意見も聞きながら、教職協働つまり教員と職員が一緒に計画立案に参画し、実行にあたっても協働して取り組んだ。全学的な議論を通じて、改革の方向として国際化、情報化、開放化が課題として一致した。そこで新たに国際関係学部、情報学科、政策科学部の創設へと進むことになった。

2　関西で最初の国際関係学部の設置

現在、立命館では、1988年に関西で最初の国際関係学部を作ったことを学園の国際化の第一段階としている。この時、単に国際関係の新しい学部を創設するだけにとどめず、日本にない新しい国際的教育プログラムを創設しようと全学の英知を結集した。

その結果、一つは、優秀層のためにアメリカのワシントンにあるアメリカン大学と日本で最初のデュアルディグリー（複数学位制）を創設した（毎年の定員は25名）。

二つ目は、カナダのブリティッシュ・コロンビア大学（通称UBC）と提携し、現地に立命館大学の出資によって収容人員100名の寮を建て、主として語学（英語）研修と一部のUBCの正課の授業を履修するために一年単位で毎年100名の学生を派遣するという制度を作った。

三つ目は、第二外国語学習者を中心に、海外経験初心者を対象に五週間の異文化理解セミナーを創設し、中国、韓国、フランス、イギリス、ドイツ、スペイン、アメリカ、メキシコ、オーストラリアなどに35名単位で総計350名ほどの語学研修プログラムを創設した。

この時の改革の重要な点は、単に企画立案に職員も入っただけではなく、海外の大学との交渉にも教員と職員がペアを組んで行動したことである。そして異文化理解セミナーの引率は教員ではなく若手を中心に職員が責任を持ってあたることにした。職員を単なる「事務職員」として扱わず、企画立案、具体化のための行動、さらに教育的営みへの参画を図ったのである。このことが、次の立命館アジア太平洋大学の創設の大きな力ともなった。

3　日本で最初の本格的な国際大学としての立命館アジア太平洋大学の創設

1994年、立命館大学では滋賀県と草津市との連携の下、京都衣笠にあった理工学部を滋賀県草津市に拡充して移転した（びわこ・くさつキャンパス、通称BKC）。60ヘクタール余りの校地は、整備費を含めて県と市が提供した。日本で最初の本格的な公私協力によるキャンパスづくりであった。

BKCづくりは、立命館大学では1991年からはじまった立命館大学における改革の第4次長期計画の完成であった。続いて、第5次長期計画の策定実施が課題になった。それは同時に、1900年創立の立命館大学としては創立100周年記念事業でもあった。様々な議論を経て「21世紀地球市民の育成を目指して、日本で最初の本格的な国際大学創設する」が概ね一致した意見となった。

　その時「一村一品」運動で、日本はもとよりアジアにおいても有名な大分県の平松知事（当時）が、大分県の振興のためには大学の誘致が必要であると判断し、全国の大学に誘致の案内を送った。立命館大学はただちに平松知事との折衝に入った。

　校地と校舎は大分県と別府市が提供し、大学の運営・経営は立命館が責任を持って行うという、ある種の「公設民営大学」としてアジア太平洋地域を対象とした、日本で最初の本格的な国際大学、立命館アジア太平洋大学（略称APU）を創設するという点で意見の一致をみた。

　大学の基本コンセプトは、アジア太平洋マネジメント学部とアジア太平洋学部の2学部とし、学生も教員も日本人と外国人を半々とし、英語と日本語の2言語で教育し、「単位制学費」を導入するなどの学ぶ仕組みを確立した。

　留学生は日本では中国、韓国、台湾の出身者が85％を占めている実情から、自然に任せれば同じことになり、「極東大学」になるので、中国、台湾、韓国の留学生を50％以下にすること、そして世界50ヵ国地域から留学生を集めることとした。

　また日本と物価・生活水準があまりにも違う、アジア・太平洋地域から優秀な学生を集めるために、広く心ある財界人に訴えて、留学生のための奨学金原資として約40億円を集めた。そして世界50ヵ国から1,600名（初年度は400名）の留学生を確保するために、課長以上の全職員が教員とペアを組み、各チームが担当の国と地域を決め、そこから確保する留学生数の目標を定め、それを責任を持って集めることにした。教員の多くは留学の経験があるが、職員の中には海外渡航の経験さえない者もいて、初めてパスポートを取得して留学生確保のために海外に出かける経験もした。しかしこれを通じて立命館においては、国際化は、国際課という特定の部門が行う業務ではなく、学園

全体として取り組む業務であることが明確になっていった。

4　国際化の第三段階へ

　こうして、日本で最初の本格的国際大学であるAPUが創設された。しかしその期間、立命館全体としては留学生の確保については、まずAPUでの留学生確保が優先されたので、立命館大学において戦略的な取り組みはなかった。しかしAPUが創設以来4年たち、完成年度を迎え、日本での就職を希望する留学生の就職率100％を達成するなど新しい到達を切り開いたことを基礎に、学園全体の国際化を新たな段階に引き上げることが必要となった。そこでこれを国際化の第三段階と規定することにした。その中心は教育の国際化をもう一歩引き上げることであった。そのために目標数値を明確にした。

　まずは、在学生の海外派遣目標を現行の年間約1,000名を2007年には倍の2,000名とし、卒業までに最低二割以上の学生が海外に出かけることにした。そのために、①多様な海外派遣プログラムを開発する、②学生が海外に出かけやすいように独自の奨学金制度を発足させる、③多様な形で海外にいけるように語学力の水準を引き上げる、なお、④APUにおいては日本人学生は全員が在学中に海外に行くことにした。

IV　始動する国際協力事業

　先に記したように、関西における研究者、実務家の協力事業として取り組まれたベトナムにおける障害児教育担当教員再教育事業は、立命館大学として組織だって交渉・契約・執行した最初の国際協力事業であったが、国際協力事業への参画はこれが初めてではなく、すでに次に示すような事業に参画していた。また、ベトナムプログラムと並行して新たな国際協力事業が開始され始めていた。

　前述のとおり、2000年に日本で最初の本格的国際大学であるAPUを創設したが、21世紀の幕開けとともに、立命館学園では国際協力事業が動き始めたのである。

1 人材育成国際協力事業への参画

(1) マレーシア・ツイニング・プログラム

　これは立命館大学の理工学部を含めて日本の13大学の工学系の学部で構成されるコンソーシアム（代表校は芝浦工業大学）が、1999年度からマレーシアの大学と協力して、現地で2年間日本語と工学の基礎教育を行ったうえで、これを受講した学生の現地での単位を日本の大学の単位として認定し、日本の大学の2年次（マレーシアの高校は17歳卒業）への編入生として受け入れるというものである。

　これによってマレーシアの学生が望む日本の工学教育を通常の留学（4年）よりも短縮した期間で提供することが可能となった。この実施にあたっては国際協力銀行がマレーシアに対して実施している円借款が活用され、留学生にはマレーシア政府から学費・生活費が支給されている。なおこのプログラムは2004年度、文部科学省の特色教育プログラムとして選定されている。

(2) JICA無償支援事業留学生の受け入れ

　マレーシアだけにとどまらずアジア各地からの留学生受け入れ促進策として、国際協力機構（以下、JICA）の無償支援事業（日本で修士号を取得させるために、学費と生活費を支給する）を活用した留学生受け入れがある。

　しかし従来は、個々に個別の大学に派遣されていたために、必ずしも明確な教育プログラムが確立していない場合も多く、教育効果という点で問題がある場合もあった。そこで立命館をはじめとする幾つかの大学がJICAに対して、例えば英語だけで修士号を取得できる独自のプログラムを確立整備しているような研究科に、まとまった数の留学生を配置するなどの改善策を求めた。

　その結果そうした明確なプログラムを整備し、受け入れ態勢を整える研究科（全国的には10大学ぐらい）に、2003年度からまとまった数の留学生が配置されることになった。

　2004年度には、APUの大学院で13名、立命館大学の大学院で31名、学園全体で44名、すなわち日本全国240名の6分の1強を受け入れることになった。こ

うした取り組みによって立命館では、日本語のできない大学院生に対する教室内外での支援、派遣元の政府から来学する調査団への対応、外務省、文部科学省、JICAなどの関係機関との折衝などの新たな課題に、関係する部門の教職員が協力して応えることを通じて、学園は教学面での国際協力事業推進の新たな経験を蓄積していくことになった。

今後、これらのアジア各国の将来を担う留学生の帰国後、立命館学園としてこれらの地域との強力なネットワークを構築することが期待でき、今後の学園発展の力になるだろう。

なお、理工学研究科では2004年度から英語のみで博士号を取得できるコースを整備した。立命館が、アジア太平洋地域ならびにそれ以外の地域を含めて世界各地で活躍する研究者を養成する第一歩を開くことになった。

2　様々な国際協力事業の開拓

上記二つは、全国的な制度に立命館が積極的に参画した取り組みであるが、以下の取り組みは、APUや立命館大学がJICAやJBICと協力して実施した独自の取り組みである。

(1) JICA東欧支援委員会/ブルガリア・プロジェクト

東欧地域の経済開発と人材育成を支援する取り組みとして2003年度にJICAとAPUで構成する東欧支援委員会 (委員長・仲上健一APU副学長) が設置され、現在、ブルガリアにおけるビジネス人材育成事業を推進している。具体的にはブルガリア政府の全面的な協力の下、国立ソフィア総合経済大学を現地における人材育成の拠点として、現地コーディネーターや現地講義指導教員をAPUから派遣するとともに、現地から関係大学の役職者や実際の講義担当者をAPUに受け入れて研修を行ったりしている。

(2) スリランカの和平構築および復旧・復興支援事業

外務省の要請に応えてスリランカの和平構築・復興支援事業を推進するための政策提言を行う事業で、JBICの開発政策支援調査スキームを活用して、

龍谷大学と共同で立命館大学からモンテ・カセム政策科学部教授（現APU学長）を調査研究専念研究員として同国に派遣した。復興開発に向けた政策提案を行うとともに、当時のスリランカ首相を立命館大学に迎えて特別シンポジウムを開催したり、スリランカ商工会議所訪日団の受け入れを行った。

(3) 住民参加型町並み・景観保全のための研修

JICAの発展途上国支援として、各種の研修生受け入れ事業が取り組まれているが、その一つとして文化財保存の技術者研修が行われてきた。しかし今日急速な経済発展を遂げているアジアにおいては、再開発事業などによって、文化財の保存にとどまらず町並みそのものの保存が緊急の課題となっている。そこで、JICAの途上国支援の仕組みと資源を活用して、山崎正史・理工学部教授をはじめとする立命館内外の研究者集団によって、2004年度に「住民参加型町並み・景観保全のための研修」を実施した。

町並み保全に長い実績と経験を有する京都などの関西の諸都市を舞台に、住民が暮らす生きた町としての歴史的町並みを保全・継承するための理念・調査法・計画法・制度づくり、住民参加方法などを講義と実習を通じて研修するもので、2004年9月に約1カ月にわたって立命館大学ならびに関係機関に研修生を受け入れて実施した。

V　平和の課題での国際協力・連帯

大学が国際協力事業を推進する場合、相手側政府が日本に対してどのような考え方をしているのかを深く認識しておくことが大切である。アジアの国々の政府と折衝する場合、その大学、その機関が平和について、もっと具体的に言えば日本のアジア侵略の歴史に対してどういう態度をとっているかはきわめて重要なことである。

立命館の教職員はこの10年、立命館アジア太平洋大学の創設と留学生確保、後に述べる中国大学管理運営幹部特別研修をはじめとする国際協力事業を推進するにあたって、立命館学園がとってきた平和に対する態度が、相手との

共感を得る上で、大きな要素となってきたと実感している。

1　世界で初めての大学立の平和博物館の設置

　立命館大学は1900年創立であるが、他の日本の大学と同様に、当時政府がすすめたアジア侵略に対して批判的態度を明確にすることができなかった。むしろ積極的に協力した。第二次世界大戦後、これを深く反省し、教学理念を憲法と教育基本法に基づく「平和と民主主義」と定めた。1953年、朝鮮戦争の勃発ともかかわって「再びペンを銃にかえない」と誓う全国の学生の要望に応えて、反戦平和を誓う「わだつみの像」を学園に建立した。そして1992年、世界で初めて大学立の平和博物館すなわち、立命館大学国際平和ミュージアムを設置した。こうした立命館の、実践に裏打ちされた平和を擁護し発信する立場が、アジアの多くの大学にとどまらず政府関係者から大きな共感を得てきた。

　立命館では1953年の「わだつみ像」建立以来、毎年12月8日、総長をはじめとした学園構成員によって不戦の集いを開催してきた。しかし恒常的に平和の課題を追求できる施設建設が積年の課題となっていた。

　そこで立命館として、学生をはじめとして広く社会人も対象にした恒常的な平和学習の拠点として、世界で初めての大学立平和博物館「立命館大学国際平和ミュージアム」を設置し、それまでに市民運動が収集してきた資料の寄贈を受けることにした。自らの従軍の体験から反戦平和の立場を強く主張されていた中野信雄医師から5億円に及ぶ寄付を受け、総額20億円で建設した。

　以来、立命館大学国際平和ミュージアムは過去の戦争を反省し、未来に平和を構築するために、本学学生だけを対象とするのではなく広く市民にも開放し様々な取り組みを行ってきた。開館以来、常設展に約45万人、50回を数える特別展に約26万人、ホームページに30万人が訪れている。

2　日本のアジア太平洋地域への侵略への明確な反省の態度

　1995年、第二次世界大戦終結50年の年には、世界学生平和サミットを開催

し、世界の36カ国、100大学から481名の学生の参加を得て（うち、日本からは45大学、281名の参加）、世界の平和を構築するために「世界学生平和サミット宣言」を発した。

　この1995年に、立命館大学は過去の戦争と向き合う点で、一つの画期を作った。BKCへの移転を前にして、経済学部事務室で古い書類を整理していた時、戦時下で志願に応じなかった朝鮮・台湾出身の学生を除籍処分した書類が出てきた。

　すなわち1943年10月、日本人学生に対して在学中の徴兵延期が撤廃されたのと同時に、それまで徴兵されていなかった日本の植民地の朝鮮半島ならびに台湾出身の学生に対して特別志願制が設けられ、志願が強要された。立命館大学では51名の朝鮮・台湾出身の学生が志願に応じたが、32名の学生が志願に応じなかった。これらの志願に応じなかった学生に対して11月7日付けで、当時の総長の命令で除名（除籍）が行われた。

　立命館大学は1995年12月6日、これらの学生に対して除名を取り消すとともに、謝罪の意味を込めて、「特別卒業証書」を贈ることを決定し、1996年3月20日、判明した10名に対して「特別卒業証書」を授与した（韓国籍9名、台湾籍1名）。

　なお、後の調査で、特別志願に応じなかった学生を除籍にしたのは、立命館独自の行動ではなく当時の文部省の指導によるものであり、他大学においても行われていたことが判明した。問題は、判明した時にどういう態度をとるかである。立命館大学は、それがたとえ当時の文部省の指導によるものであったとしても、教育機関としてあるまじき行動をしたとして、けじめをつけて謝罪し、「特別卒業証書」を授与したのである。この行動は、今日、アジアの人々に立命館の立場を知ってもらう上で重要なこととなっている。

3　平和の課題での国際協力・連帯の取り組み

　続く1998年、立命館大学国際平和ミュージアムはピース大阪と協力して、第3回世界平和博物館会議を開催し、22カ国から252名の参加を得て成功させ、世界の平和博物館の協力・連帯の活動の礎を築いた。

2004年、立命館大学国際平和ミュージアムは、中国の侵華日軍南京大屠殺偶難同胞記念館、ベトナムのベトナム戦争証跡博物館、ウズベキスタンのサマルカンド平和博物館、スペインのゲルニカ平和博物館と協力協定を締結した。そのうち、中国の侵華日軍南京大屠殺偶難同胞記念館、ベトナムのベトナム戦争証跡博物館とは、この年、双方から館長が訪問し合い、それぞれで記念講演を開催した。

　とりわけ、ベトナムの戦争証跡博物館とは強い協力関係を構築してきた。国際関係学部の安齋育郎教授は立命館大学国際平和ミュージアム館長に就任すると、先に記した世界平和博物館会議を組織し、その中で日本のベトナム反戦ポスター等、ベトナム側が持っていないベトナム戦争に関する資料を世界中から集め、ベトナム戦争証跡博物館に寄付した。

　また1998年の世界平和博物館会議にあたっては、ベトナム戦争証跡博物館の館長と副館長を招待し、その後の交流の基礎を築き、博物館の展示ならびに運営について様々なアドバイスを行ったりしてきた。

　こうした安齋育郎館長の活動を評価し、ベトナム政府は2004年3月、ベトナム文化・情報事業功労者徽章を安齋育郎教授に授与することになった。安齋育郎教授は、この授与式のためにベトナムを訪問したのを機会に、改修期にあったベトナム戦争証跡館ならびにホーチンミン市内にある6つの博物館の展示専門官に対して二日間にわたって博物館の展示に関しての特別研修を実施した。

　また私は、ベトナムを何度となく訪問し、ベトナム戦争証跡博物館の来館者の約3分の1が日本人であるにもかかわらず、その展示はベトナム語と英語しかないことに着目し、安齋育郎教授や藤本文朗教授の協力も得て日本人向けの同博物館の「ガイドブック」を作成し、その利益は全てベトナムの障害児者のために使ってもらうことにした。

Ⅵ 中国の大学管理運営幹部特別研修

1 中国内陸部の大学へのODAの開始

　近年、日本のODAのあり方をめぐって様々な議論がなされてきた。
　一つは、従来のインフラ整備中心から人材育成へ、もう一つは、現在、支援先の第一位がインドネシア、二位が中国であるが、今や躍進著しい中国を援助する必要があるのかという問題である。
　一方、中国においても、改革開放以降の急成長の中で、沿岸部と内陸部の経済格差が広がり、2002年12月の人民大会で内陸部開発を国家の重点施策とすることが決められた。
　こうした流れの中で、国際協力銀行の中国への貸付の一つとして、2001年から内陸部の大学162校への貸付が始まった。それは古い建物の建て替えや、コンピューターなどの新しい教育機器購入資金を貸し付けるものである。その際、貸付金額の4～5％を使って教職員を日本の大学等へ研修に派遣するとの条件がつけられた。2001年度と2002年度で、すでに120校に580億円を貸し付けていたが、研修への派遣はほとんど進んでいなかった。それは、これまで日本と中国の大学間交流はほとんど沿岸部の大学に限定されていて、中国の内陸部の大学との交流はほとんどなかったので、派遣の具体的な話を進めることが困難であったからである。
　2003年3月に、私が国際協力銀行を訪れ懇談した時、そうした状況を聞き「貸し付けている銀行だけが中国へ行って説明しても、うまくいかないのではありませんか。受け入れる用意のある私達大学関係者も一緒に行って直接説明懇談する場所を設定する必要があるのではありませんか」と提起した。
　「立命館は行っていただけますか？」
　「もちろん行かせていただきますが、私達の大学だけではなく、行ってもいいと考える大学に声をかけてください」と話した。
　その後、この件は国際協力銀行で検討され、当初、2003年5月に開催が予定されたが、サーズ騒ぎで無期延期となっていたのを、2004年度からの受け入れ促進のために急遽9月に重慶で貸付と派遣研修説明会が開催されること

になった。

2 大学管理運営幹部特別研修を提案

9月4日、中国内陸部の対象校、120校から200名が参加し、国際協力銀行、中国政府財務部などから説明会が行われた。

二日間の質疑を通じて、中国側からの共通する希望としていくつかが出されたが、そのうちの一つが、大学管理運営幹部を対象とした研修を開いてくれないかというものであった。中国の大学は基本的に官立、すなわち中央政府の直轄管理の下にあるか、地方の省政府の管理の下にあるかは別にして、いずれにしても税金によって成り立っている官立大学である。しかし改革・開放政策の下で、各大学の財政的努力が強く求められており、日本の大学改革、独自運営をしている私立大学の管理運営の経験を学びたいということであった。

重慶訪問から帰国してから、私は立命館大学が中心となりながら、中国の大学管理運営幹部を対象とする特別研修を開催する方向で国際協力銀行と折衝を持った。

すなわち個々の教員が自分の専門科目とかかわって日本で研修を受けることも大切であるが、中国の内陸部の大学の発展のために総額1,000億円を上回る資金を貸し付けるに当たっては、やはり大学の管理運営にあたる幹部自身の研修が必要であるし、中国側にも要望があると判断したからである。

私は、国際協力銀行に対して次のような提案を行った。

①大学の管理運営幹部を対象とするので長期滞在は無理であり、3カ月程度の短期研修とする。
②そのために独自のカリキュラムを策定する。
③短期研修なので、日本語を前提とせず、カリキュラムにもとづき詳しい講義概要を作成し、それを全て中国語に翻訳し事前に受講者に読んでもらい、講義も中国語の専門通訳をつけて実施する。
④研修は単に立命館などの個別大学の経験を語るものではなく、中国の大学事情を踏まえながら、世界と日本の大学の動向、改革方向を体系的に講義

するものとし、講義者も日本の代表的な研究者、管理運営者を組織する。
⑤研修で扱うケーススタディーでは、立命館をはじめとし、東大、京大、慶応、早稲田などの日本の代表的な大学を直接訪問し、当事者からその改革実例を報告してもらう。
⑥また国際協力銀行（JBIC）、日本国際協力機構（JICA）、文部科学省を訪問し、中国担当の幹部から直接、対中国支援の制度や実情を聞く機会を持つ。
⑦一方的な講義ではなくディスカッションを半分程度取り入れ、日中双方の大学事情を深め合う交流の場とする。
⑧こうしたプログラムを実施するためには一人あたり数十万円から100万円かかるが、これは個々の教職員を対象とするものではなく、大学の将来を担う幹部を養成するためのエグゼクティブコースであることを理解してもらう。

この提案で、国際協力銀行と数回の折衝を持ち、2004年3月15日に合意に達し、立命館の代表と国際協力銀行の担当者で、3月21日から24日にかけて重慶を訪ね折衝することにした。

4　再度の重慶訪問

重慶を最初の対象としたのは、次のような理由からである。

一つは、こうした研修を実施するにあたって、対象の120校全体に知らせて公募し、あちこちから受講申し込みがあった場合、ビザの手続きなどが大変であり、また講義を効果的に行うためには、ある程度の共通性が必要なこと、そして何よりも国際協力銀行からの貸付が、省単位であることから、研修も省単位で実施することが現実的であると判断したのである。

その上で、前記したように重慶市は中国内陸部の最大の都市であり、43に及ぶ大学があり、今回の円借款の対象校が10校集中する地域なので、比較的まとまった参加があると考えたからである。

私は、課題は二つあると思っていた。

一つは、貸付け金額の4～5％を研修費に使うということになっているが、拘束力はないので、相手側が派遣したいと思うような説得が必要であること。

もう一つは、公務員の給与が１万円少々である内陸部において数十万円という研修費は明らかに高い。良い教育にはお金がかかること、これは一般教職員を対象とした研修ではなく、次期学長などを対象する特別研修であることを理解してもらうこと。
　そうした点を押えながら、
①今日、中国の大学も大衆化、民営化、国際化に直面しており、このプログラムは有効であること。
②参加する意思がある場合は、カリキュラムの内容については、できる限り希望に応える。
③また質を落とすような値引きには応じないが、工夫によって無駄を省く、効果的な節減を話し合う。
④立命館としては、これによって特段の儲けを得るつもりもないが、日中友好のためであっても一私学としては赤字覚悟ではやらない。
　等の点を明確にして折衝に臨むことにした。
　重慶市側の参加者は、財務部副部長を中心とした財務部メンバーと教育委員会の人たちであった。23日、24日と２日間にわたって厳しい折衝を行ったが決着はつかなかった。
　帰国後、内容はここでは省略するが国際協力銀行や中国政府財務部、重慶市等と電話やメールで様々なやり取りをし、４月末の段階で教育委員会の担当者とほぼ合意に達し、５月の連休中に再び重慶市を訪ね契約を交わすことにした。ところがその時期に教育委員会の責任者、副責任者が海外出張に出かけ、われわれが訪問しても最終決済が得られず、来訪を１カ月ぐらい延ばしてほしいとの要望が寄せられた。
　しかし当初計画の８月からの実施となると、今からホテルの予約はいうに及ばず、何よりもこの分野の日本の代表的研究者や大学管理運営者の講師確保の手立てを尽くす必要がある。合意契約があいまいなままにホテルの予約に踏み出すことは難しいが、私はあえてホテルと講師の確保のための折衝に入った。物事には時期というものがある。ここまで事の具体化を図りながら、ずるずる延ばしていては、今度は日本側の実施が困難になると判断したから

である。

3　京都での折衝

　ところが、重慶市の教育委員会責任者の外国出張先は日本であることが判明した。そこで私は、連絡を取り、5月16日の昼に立命館の国際平和ミュージアムで1時間程度会う約束を取り付けた。

　当日来校したのは、教育委員会主任欧可平氏をはじめとする3名であった。

　そこで私は、まずこの建物が世界で唯一の大学立の平和博物館であること。立命館大学も先の戦争に協力したが、戦後、その反省を明確にし、教学理念を「平和と民主主義」と定めたこと。そして、その精神の上に立って、この博物館を建てたことを手短かに説明し、地下の常設展示場に案内し、そこに展示されている重慶市の爆撃の被災の写真を見せるとともに、私がそこを2回訪問したことなどを話した。3名は、大きな感銘で私の説明と展示を見聞きした。

　その上で会議室で用意した弁当を食べながら、今回のプログラムの意義、性格、カリキュラムなどについて説明し、折衝した。熱心な質疑となり、結局当初の1時間という約束を2倍近く費やしてのやり取りとなった。最後に、教育委員会主任は「よく分かった、帰国次第、契約できるように、意思統一したい」と返答され、繰り返しの握手をして別れた。

　彼の帰国後まもなく担当者から電話があり、「教育委員会主任の決済が下りたので、いつ来てもらってもいい」との返事が入った。そこで6月11日から14日にかけて再び重慶市を訪ね折衝を行い、教育委員会主任の欧可平氏と契約書を交わした。

5　日本と中国の新しい交流

　こうして2004年8月30日、国際協力銀行、文部科学省、中国在大阪領事館の代表の参加の下、重慶商工大学副学長をはじめとする重慶市の大学幹部等31名が受講する中国大学管理運営幹部特別研修の開校式、ウェルカムパーティーが開催され、明くる31日から講義が開始され11月5日に修了式を行った。

続いて11月15日から甘粛省を対象とした研修が行われ、吉林省と甘粛省の合同、江西省、湖南省、新疆ウイグル自治区が参加している。

この研修を通じて立命館に対する大きな信頼を獲得し、参加した各大学との立命館の交流協定が急速に進んだだけではなく、重慶市と立命館の協定が結ばれ、今後、学生や教員の派遣だけではなく内陸部最大の工業都市である重慶市の各種研究所との共同研究の推進も期待されている。

この特別研修が、日本のODAの新しいあり方、大学の国際協力業務参加の新しい形を作るとともに、日本と中国の大学の新しい交流、ひいては民間レベルの日中交流の新しい第一歩となることを確信している。

VII 国際共同研究

1 深刻化する中国の環境問題への対応

中国大学管理運営幹部特別研修の具体化のために、私は何回となく中国を訪問した。もともと中国の環境・公害問題について多少の知識は持っていたが、まさに百聞は一見に如かずで、その実態に触れるたびにその深刻さに心を痛めた。

乾燥化・砂漠化の進行、空を蔽う石炭の煤塵、河川・湖の汚濁、水不足、電力不足、広がる自動車の排気汚染、挙げればきりがないが、ともかくものすごい。

中国甘粛省蘭州へは、国際協力銀行の中国担当部長のHさんと同行した。飛行中やホテルで話し合っている時、私は「大学管理運営幹部特別研修の次は環境問題の研修をぜひやりましょう」と提案した。

Hさんは中国担当部長として、すでに乾燥化防止のための植林事業などいろいろなことに携わっていたこともあり、二つ返事で「ぜひ具体的提案をしてください」と語った。私は帰国後、環境問題の専門家の何人かに集まってもらいプロジェクトチームを立ち上げることにした。2、3回非公式な検討会を持ったあと、国際協力事業センターの下に専門家チームを立ち上げてもらった。そして国際協力銀行の提案公募型に応募し、中国の大学において環境

問題を担当している教員を対象としたプログラムを開発することにした。提案は採択され、現在、その具体化に努めている。

2　アジア型の福祉の探求

　また、私が取り組んだベトナムの障害児教育担当教員養成課程とかかわって、前記したアメリカが散布したダイオキシンによる病、障害への治療については現代医学ではまだ十分な対応はできていない。

　このダイオキシン被害は、ベトナムだけではなくベトナム戦争に参加した当事者のアメリカ兵、韓国兵、オーストラリア兵の中でも深刻な事態を生じさせており、それぞれの国で社会問題化している。

　また、障害者を支える社会福祉について、従来の日本の研究者は日本より先進の欧米、とりわけ北欧の研究成果に大きく依存していた。しかし現在のアジアを見た場合、本格的な福祉政策はこれからであり、社会制度、国民所得があまりにも違いすぎる欧米の福祉政策を直接的に導入しようとしても無理がある。そこで私は、ベトナムの障害者問題に一緒に取り組んできた立命館大学産業社会学部の荒木穂積教授にタイのバンコックにある国連のアジア太平洋センターなどと協力しながら日本の立命館を基点にベトナム、中国、韓国を結んだアジアにおける障害児教育と福祉についての共同研究を進めてはどうかと相談し、関係者で分担して各国を廻ることにした。

　つまり、欧米から障害者や福祉問題の学問を輸入し日本に適用してきた段階から、今後は、欧米が確立した学問の普遍性を基にしながらも、アジアの実態調査に基づいてアジア型の障害児教育、福祉の構築に貢献していくべきではないかという問題意識で行動を開始したのである。

3　アジアの拠点大学との共同研究の推進

　私達がそういう行動を起こし始めていた時、わが国の様々な学術機関においても同様の問題意識で様々な提言や施策が開始されつつあった。

　日本は明治維新後、欧米の先進学問を輸入し消化することに力を入れ、欧米に追いつき、追い越せでがんばってきた。そして1980年代中期にはアメリ

カに次ぐ経済大国となり、国民一人当たり所得においても欧米に並び、追い越すところまできた。明らかに日本は成熟社会に入ったのである。もはやモデルはなくなり、社会、文化、生産のすべてにわたって創造的なチャレンジが必要な時代に入っていたのである。しかし従来型の高度成長を追い求めたり、その余剰金を土地建物に投資するなどしてバブル経済に突入し、バブル崩壊へと突き進んだ。その間に台湾、韓国に続き中国も既存技術を取得し、高度成長に入り急速な経済発展を遂げている。

21世紀は明らかに「知の競争時代」になる。どのような先進技術を開発できるかが国際競争に打ち勝てるかどうかの試金石である。先進国はこぞって最先端科学技術の振興を国家的プロジェクトとして取り組んでいる。こうした状況の下で、わが国においても総合科学技術政策が打ち出され、大学に対しても世界的水準の研究を推進することを奨励するCOE政策などが設けられた。しかし日本に倍するGNPと研究予算を持ち、世界中から優れた人材を引き寄せているアメリカと一国で対抗することは不可能に近い。ヨーロッパではEUの発展ともかかわってエアバスに見られるように国を越えた共同研究を強力に開始している。日本は、単独でアメリカならびにヨーロッパと対抗しても勝てる状況ではない。それならば活路はどこにあるのか。躍進著しいが、まだ基本的には既存技術の消化の域を越えておらず、とうてい単独では欧米と対抗できない韓国、中国と共同するしかない。

こうした問題意識から、政府、文部科学省も日本の拠点大学にアジアとりわけ韓国ならびに中国の拠点大学との共同研究の推進を働きかけ始めた。

こうした動向を踏まえ、立命館学園における国際化は、教育の国際化、国際協力事業への参画に続いて、本格的に国際共同研究を推進する方針で戦略的に進めることにした。すなわち三本柱の国際化であるが、立命館において最も遅れていたのが研究分野の国際共同であったので、飛躍を図る提起を行った。

つまり個々の教員は様々な国際的ネットワークをもって取り組んできたが、大学として、組織だってグループとして国際共同研究を推進することを、奨励し支えるということにはなっていなかったものを、組織だって取り組むこ

とにしたのである。

　そのために急遽ではあったが、2004年度末に学内公募を行い、アジアの大学と共同研究を推進することを奨励するために臨時予算を組んだ。結果的には26のチームが認定され、年度末ではあったが、それぞれの対象とするアジア各国の大学へ出かけた。続いて2005年度の事業として、2004年度の継続と新規の公募を行い、新たに14のチームが認定された。

　こうして、現在40のチームがアジア各国の大学との組織だった共同研究に入った。立命館としては2007年度までに50チーム、2010年度まで100チームが共同研究に入ることをめざしている。2004年度から開始したこの共同研究の芽が、必ずそう遠くない時期に花開くことを期待している。

Ⅷ　孔子学院の誘致と孟子像の受贈

　こうして21世紀に入り、立命館は、教育の国際化、国際協力事業への参画、国際共同研究の推進という国際化の三本柱を追求してきたが、その中で結果的に、急速に発展している中国との結びつきが強まっていった。

　立命館がこの20年来、立命館アジア太平洋大学の創設など日本における大学改革のパイオニアとして改革を進める中で、国の内外から様々な人々が訪問してこられた。そうした時、立命館がたんに大学改革を進めてきただけではなく、第二次世界大戦におけるアジア太平洋侵略戦争を明確に反省し、「平和と民主主義」を教学理念とし、世界で最初の大学立平和博物館を持っていることが、アジア、とりわけ中国、韓国の人々に大きな感銘を与えてきた。

1　中国政府が最初に作った孟子像の受像

　2004年12月、中国国務院の新聞弁公室の主任（大臣）一行が立命館大学のびわこ・くさつキャンパスに来学された。最新の理工系施設を見学した後、総長、理事長と懇談した。立命館の改革、教学理念、そして中国大学管理運営幹部特別研修の取り組みについて改めて感銘するとともに、質疑の中で立命館という名称が中国の賢人である孟子の尽心章の一節から採ったものと言う

ことを知り、大変感激され、新聞弁公室として孟子の像を寄贈したいという意向を表明された。帰国後ほどなく正式に寄贈の申し入れがあり、電話やメールでやり取りした。

中国政府として孟子の像を作ることは、外国への寄贈だけではなく製作そのものが初めてのことで、国内各所から孟子に関する図画、彫刻の類の写真を集め、検討し、そのデザインを定めた。そのうえで孟子の出身地である山東省の石材を使い、山東省の工房で作成し、立命館に寄贈することになった。

2005年3月に坂本和一副総長（当時）を責任者とする立命館の代表団が北京の新聞弁公室を訪問し、山東省の専門家を交えて懇談し、最終的に石材、デザイン、大きさを確認し、作成に入り、7月に立命館に寄贈された。

2　日本第一号の孔子学院の誘致

一方、2004年12月、中国政府は世界中に中国語と中国文化を普及するためのセンター孔子学院を当面一国一カ所、世界に100カ所設置するという構想を打ち出した。

アメリカ、イギリス、フランス、ドイツ、イタリアなどの先進国は、世界の人々との交流を深めるために、大使館とは別に、例えばアメリカはアメリカ文化センターを世界の主要都市に作っている。急速な発展を遂げている中国もこうした先進国の経験に学び、世界に中国語と中国文化を普及するセンターとして、中国を代表する思想家・教育家である孔子の名をとって孔子学院という名称のセンターを、世界中に作るという方針を打ち出したのである。

私は、年末にこの情報を掌握し、理事会に報告するとともに立命館が受諾するように提案した。在日中国大使館をはじめ様々なところから情報を収集すると同時に、中国側に日本の場合は立命館と契約して進めるよう折衝した。

そして2005年3月と5月の2回、北京の中国政府教育部を訪ね、国際担当副大臣などと協議を重ね、6月28日、東京の在日中国大使館で王毅特命全権大使立会いの下、正式に契約書の調印式を行った。続いて7月20日、北京で開催された第一回世界漢語大会に長田豊臣総長と参加し、中国政府から「立命館孔子学院」の看板を授与された。7月22日、立命館において、中国政府

新聞弁公室副主任、在大阪中国総領事館大使の参加の下、京都の各界代表も交えて孔子学院開設、孟子像受贈記念式典を開催した。

3　長期的視点で学術機関らしく日中交流の礎を築く

　今日、日中関係は、政治的にはある意味では1971年の日中国交回復以降最大の危機的状況にあるといって過言ではない。しかし、日中は2000年以上の交流がある隣国である。日本は、隣国である韓国や中国との安定した友好関係を構築すること抜きにして持続的な発展はありえない。

　こうした時、学術機関である大学は、その時々の政治の動向がどうであれ、長期的視点に立って、学術・文化・スポーツで人的交流を行い、将来、国家間の友好関係が確立する土台を築く役割を担わなければならない。

　立命館大学は日中国交回復のはるか以前の1955年に来日した中国国務院の郭末若を大学に迎え、学術講演会を開催した経験を持っている。それは日中国交回復への様々な取り組みの土台づくりに役立ったと確信している。

　今日、立命館学園には世界の76の国地域から2300名を超える留学生が学んでいる。例えば現在イスラエルとパレスチナ、イラク、アメリカは激しい戦争状態にある。立命館アジア太平洋大学では、留学生は一回生時には原則として入寮（約1,000名収容）することになっている。もしもここでアメリカ人の学生とイラク人の学生が国と国との戦争状態を持ち込めばどうなるであろう。「いかなる場合でも暴力を認めない」が立命館の原則的立場である。この寮生活で、互いの立場の違いを認め合いながらも、暴力でなく議論を通じて解決する作風を確立して卒業していった学生が、今後の世界平和を築くであろう。

　日中問題も同じである。中国からの留学生は立命館大学に316名、立命館アジア太平洋大学に294名、計610名在籍している。この留学生と日本人の学生の交流こそが、将来の日中友好の基礎を作っていく力である。大学の存在意義はまさにここにある。

　立命館孔子学院は、日本において中日友好を築いていく一つの拠点として活動し、大学の新しい役割を果していくことになるだろう。

4 大学間協力だけではなく外国政府との協力関係へ

なお、この孔子学院誘致は立命館における国際化の新しい段階を切り開くことになった。それは従来、大学の海外との交流相手は基本的に大学であった。しかし今回の孔子学院は中国政府と立命館が協力して、日本における中国語と中国文化普及のセンターを作り運営するという契約である。つまり立命館は中国政府と契約し継続的に付き合うことになったのである。

すでに、ベトナムにおける障害児教育担当教員養成課程やブルガリアにおける市場経済に対応する官僚養成研修などで相手国政府と交渉し協力して取り組む経験を持ってきたが、いずれも単発的なものであった。しかし今回の孔子学院は学校設置という恒常的なものであり、新しい段階を開くことになった。今後、中国だけではなく韓国、ベトナム、マレーシア、インドネシアなどアジア各国政府と協力していくことになるだろうし、そういう戦略をもって臨みたい。

IX アジア各国に広がる国際協力

こうして、立命館の国際化が多角化し、われわれの戦略も次第に明確になるにしたがって、様々な課題が見え、また持ち込まれるようになってきた。

1、スリランカにおける生活改善事業

先に、スリランカの和平後の復興政策の提言に本学がかかわったことに触れた。その時、従来のように日本が大型のODAで無償支援を行い、日本の大手企業が橋や道路、ダム建設を請け負うというやり方だけではなく、地元の技術と地元の労働力を使ったやり方も必要であると提言した。

その考えを具体的な形にするために、国際協力銀行の提案型調査に応募し「適正技術を用いたプランテーション居住者の生活改善」を提案し採択され、2005年3月4日から2006年2月28日の事業として実行している。

スリランカの紅茶プランテーション農園で働く労働者のほとんどは、19世紀のイギリス植民地時代に安価な労働力としてインドから移住したタミール

人の子孫である。

　勾配の急な山の斜面に位置するプランテーションでは社会的、経済的、文化的な隔絶により、劣悪な労働条件を強いられており、未整備もしくは老朽化した住居、老朽化した水道や道路などの基礎インフラが、劣悪な生活環境を強いている。

　そこで本学は、名古屋のNGOである「自立のための道具の会Japan」と共同事業体を組み、スリランカの紅茶プランテーション地域居住者の生活改善プロジェクトとして、簡易式マイクロ発電システムの設置と住民による運営管理組合の組織化、住民の水利用に対する意識向上と水利用環境改善、雨水タンクの設置及び住民による管理運営組合の組織化、ヤシ穀炭による浄水器普及、節水による啓蒙活動、講習会を通した技術支援を行っている。

　またこのために行った住民参加型手法を用いた社会調査には、本学の学生の課外自主活動の登録団体である「自立ための道具の会京都支部」が協力するという新しい経験も作った。

2　ベトナムにおける高度IT人材育成事業

　障害児教育の課題で何回もベトナムを訪問していた私は、当然、立命館学園や日本がベトナム支援としてかかわるべき課題が、障害児問題だけとは思っていなかった。1986年のドイモイ(改革開放政策)以来急速に発展しているベトナムであるが、それでもアジアの最貧国であることには変わりはない。教育や福祉の基礎には、やはり一定の経済発展がなければならず、現在のベトナムの最優先課題は経済発展である。

　ベトナム政府関係者や日本の在ベトナム大使館、JICAのベトナム駐在員と懇談しても、ベトナム側が日本のODAに最も期待しているのは、電力確保のための発電所の建設や、幹線道路や橋の建設、高等教育整備支援とりわけITを含めた理工系教育への支援ということであった。

　そこで私は、日本政府のベトナム高等教育支援とりわけITを含めた理工系教育支援の方向性についていろいろと調べた。その中で、日本の経済産業省がベトナムに対して学部・大学院レベルの高度IT技術者養成支援の計画を持って

いることを知った。

　そこで2003年8月、飴山恵立命大学理工学部教授とベトナムにおける理工系教育のトップ校であるハノイ工科大学を訪ね、タング学長と立命館理工学部との提携について協議するとともに、日本政府とベトナム政府とが検討協議している高度IT技術者養成について情報交換し、今後双方の国でそれが実るように協力することを約束した。

　私たちが帰国した後、その件については日本政府とベトナム政府の間、また日本政府と日本の大学との間で様々な協議が積み重ねられた。私は、2004年2月に再度ハノイ工科大学を訪ね、国際部長と情報交換した。

　その後も紆余曲折があったが、2004年の年末、正式に日本政府とベトナム政府はハノイ工科大学を基点に高度IT人材育成事業を実施することで合意し、日本側は現在、慶応義塾大学を中心に立命館を含めた複数の大学が参画し、経済産業省に協力して2006年実施に向けて構想案の取りまとめ作業を行っている。

3　インドネシアにおける人材育成事業支援

　JICAの無償支援事業については、先に触れた。それは、アジア各国の将来を担う若手研究者や若手官僚の育成を支援するものである。これを特定の国の特定の層を対象としたもっと明確な人材育成支援事業として行うものとして、日本の大学院と連携してインドネシアの若手官僚を育成するプログラムが動き出している。

　すなわち、インドネシアの財務省ならびに国家開発企画庁の若手官僚を、インドネシアの有力大学の修士課程に1年間在学させた後、日本の大学院修士課程2年目に編入学させ、ダブル学位を取得させるというものである。

　予定としては、インドネシアでの入学は2006年から、日本への編入学は2007年から実施する。分野としては公共政策、国際開発、都市計画が構想され、JDSと同様に生活費、学費を日本のODAで支援し、年間100名単位で派遣する計画で、立命館では理工学研究科、経済学研究科、政策科学研究科、国際関係研究科ならびにAPUの研究科で計30名ほど引き受ける方向で具体化作業を

行っている。

X 国際化時代に求められる大学アドミニストレーター像

　以上、見てきたように、今日、世界の激動と連動して大学を取り巻く環境も大きく変化している。われわれが高い志と勇気をもって行動すれば、今までの日本の大学では考えられなかったことができる時代に入っている。またそれをやらなければ日本の大学は世界の大学から取り残され、日本の先進的な若者からも見放されるであろう。

　先に記したように、立命館では国際関係学部の設置を国際化の第一段階、アジア太平洋大学の創設を第二段階、そして現在の学園全体の国際化の推進を第三段階として位置づけている。しかし国際関係学部を設置した時からそういうことが分かっていたかと言えばそうではない。今から考えれば、そういう段階規定になるということである。

　それどころか、1980年代の後半、学園政策を検討していた当初から国際関係学部構想があったわけでもない。全学的な議論の中で国際化、情報化、人間化というフレームは合意に達していたが、当時の文部省の厳しい規制の下で、新しい学部の設置はきわめて難しく、悪戦苦闘の中で、ようやく教養基準の小規模学部としての国際関係学部認可の見通しがついたのである。

　そして理工学部の新しい発展のために、大型公私間協力でびわこ・くさつキャンパスを展開できた経験と、国際関係学部設置以来の立命館の国際化の進展が、平松大分県知事（当時）の大学誘致と平松氏の国際的視野による同意を得て、立命館アジア太平洋大学というわが国で初めての本格的国際大学の創設へとつながった。

　このようにはじめからすべての具体的な構想があったわけではなく、「国際化の時代に大学はどう対応するか」という大きな問題意識の下で、その時々に現れる諸状況を立命館の到達点と結び付けて切り開く努力をする中で、進んできたのである。

したがって、今日の大学の関係者に求められることは、①絶えず世界の状況に目を配り、大学はどのような方向に進むべきかと考え、②動く世界の中で、入ってくる情報を的確に判断し、自分の大学に引き寄せて政策として企画立案する、鋭い直感力と政策立案能力、③そしてそれを学内合意を取り付けながら、率先して身を動かして折衝して具体化を図る勇気ある実行力が求められているのである。

　さて立命館では、APUの創設に続いての国際化の第三段階は、立命館大学ならびに3つの附属校を含めた「学園全体の国際化」と認識していたが、その対象はまだ「教育の国際化」という以上の認識ではなかった。

　しかしベトナム障害児教育担当教員養成課程に取り組んだり、スリランカの和平以降の復興政策作りに参画しているうちに、大学が組織だって国際協力事業に参画する意義がしだいに分かってきた。その時期は同時に日本のODAの一つの転換点でもあった。すなわち従来のインフラ整備中心から、人材育成、環境問題にも大きくシフトし始めていて、文部省としても国際サポートセンターを設置するなどして、日本の大学が欧米の大学のように積極的に国際協力事業に参画し、それを研究・教育に生かすことを奨励し始めていた。そこで立命館としては、国際化を従来の教育の国際化一本から、国際協力事業の推進をもう一つの柱として設定した。

　その実践の中で見えてきた国際共同研究推進の必要性は、同時に「知の国際競争時代」と言われる今日の世界的状況の下で、日本そして日本の拠点大学の今後の存立をかける課題が、アジアの拠点大学との国際共同研究を推進することであることが次第に明瞭になってきたのである。

　そこで、今日の大学の国際化の第三番目の柱として国際共同研究が浮上し、明確に位置づけられ、事務体制としても国際機構の下に、国際課、国際協力事業センター、国際共同研究推進課という3つの部門を設置した。このように国際化の柱として3つの分野を置くことは最初から分かっていて暫時具体化したものではなく、大枠としての国際化推進の下で、個々の実践を進める中で、世界と日本の大学を取り巻く状況、文部科学省の政策動向などを勘案して決定してきたことである。したがって繰り返しになるが今日の大学の職

員に求められるのは、そうした感性、直感力、企画力、合意形成能力、実行力である。

ここには、明らかにかつての大学事務職員とは異なる能力が求められている。与えられた政策の枠内で確実に実務をこなすだけではなく、もちろん規定方針を正確、確実、迅速にやり遂げる従来の仕事力量を前提にしてのことであるが、新しく大学を創造する能力が求められているのである。私たちはこれを実行できる人を大学アドミニストレーターと言っている。立命館学園ならびに各大学において、このような大学アドミニストレーターを養成・確保できるかどうかが、今後のその大学の成否を決めるであろう。

さて冒頭で書いたが、現在、立命館では「立命館をアジア太平洋地域のハブ大学に」という戦略方向を掲げている。なぜアジアなのか、ハブとは何なのか。

もちろん今日の国際的規模で展開されている大学間競争を考えれば、その水準としては欧米を含めて国際的に通用する水準でなければならない。また、今日のグローバリーゼーションと世界に広がっている日本の国際的位置を考慮すれば、地域戦略としては欧米を含めた全世界を視野に入れて行動することは当然のことである。

にもかかわらず、あえてなぜアジア太平洋地域のハブ大学と言うのかということである。

それは何よりも、①日本がアジアの中に位置しているからであり、②そして今後21世紀の動向を考えた時、アジア太平地域が大西洋地域と並ぶか、上回ることが予測されるからである。

第二次世界大戦以前の日本は、欧米から学びながら富国強兵政策を採り、近代化の過程が同時にアジア太平洋地域への侵略の歴史でもあった。それに対して戦後の日本は、アジア太平洋戦争の反省の上に立って、平和憲法を定め世界に対して非軍事的対応をしながらも、「冷戦」構造もあって欧米一辺倒で進んできた。

しかし「冷戦構造」が崩壊し、中国やベトナムが改革開放政策を採ったことをはじめとしてアジアは急速に発展し、それと関連してアジア太平洋地域

の相互連携が急速に進んだ。日本は「いまだに頭は欧米に向いている」が、日本の貿易、資本投資、留学生つまり、土台とも言うべき、物、金、人の現実の流れは急速にアジア太平洋地域にシフトしている。

こうしてわれわれは日本が客観的にアジアに位置していること、そのアジアが躍進著しく、日本の貿易、資本投資、人の交流の中心がアジアにシフトしているという現実から、「世界水準の大学」「世界的地域戦略を持った大学」を堅持しながらも「アジア太平洋地域のハブ大学に」という戦略目標を掲げるのである。

もう一つの「ハブ大学」という意味であるが、先に国際共同研究の項で記したが、21世紀「知の国際競争時代」にあって、日本が欧米と伍して競争していこうとすれば、最先端研究においてアジアの拠点大学との共同を推進せざるをえない、その時、現時点でアジア太平地域と日本を比較した場合、財政力、科学技術力、基礎研究能力の総合力において、成長のスピードは別にして、日本が量・質ともに大きく上回っているということである。この日本の基礎的力量とアジア各国の豊かな才能あふれる若手研究者・学生とを結合させ、21世紀の「知の国際競争時代」においてアジア・太平地域が欧米と伍していける位置を確保しなければならないということである。

立命館をはじめとする日本の拠点大学は、アジア太平洋地域の拠点大学との交流を密にし、研究、教育のアジア太平洋地域のハブ大学になれるように努力しなければならない。それが当該大学の今後の運命を決するだろうし、日本の将来をも決めることになるであろう。

私自身が、改めてそうした決意を固めて、本章を閉じる。

質疑応答

Q1 国際協力事業などの取り組みと、学部の教育との関わりをどういうふうに捉えられているのか、お聞かせください。

A1 国際協力事業で付き合いを深めていくと、信頼関係ができます。中国大学管理運営幹部特別研修で中国の大学から信頼を得たことが契機となって、現在、立命館大学には、自らの専門分野の能力を高めるためにすでに中国から20名余りの大学教員が研修生としてやってこられています。将来、私は、常時50名ぐらいの大学教員の研修生が、海外から来ることになるのではないかと思っています。当然、学生も来るようになります。

例えば、四川外語大学は現在、立命館予科コースをつくり、毎年数十名の学生が立命館に留学できるシステムをつくる準備をしています。これが広がり、中国の複数の地域の大学が立命館予科コースを作ってくれて、毎年安定して100名単位で留学生を送り出してくれるようになれば、留学生確保に関するわれわれの取り組みも学部教育の質も変わります。

また、ベトナムの障害児教育支援やスリランカのプランテーションで働く人々の生活改善のための取り組みで紹介しましたように、担当の専門教員だけが現地へ行くのではなく、院生や学部学生も連れて行き、一緒にフィールドワークに参加させれば、新しいタイプの調査・体験型の教育を切り開くことになります。

Q2 中国大学管理運営幹部特別研修を終えられた大学の先生方が、どのような感想を持っておられるのか、また、研修成果はどのように生かされていますか。

A2 アンケートをとって感想を聞いています。大半の人からは満足のいくものであったと回答してもらっています。その結果が2回目・3回目の派遣として現れてきています。重慶、吉林に関しては、2回目の派遣が決まっています。今来られている江西省ももう1回、送りたいと言ってきています。

立命館に対するイメージでいうと、中国の大学は今、国立、省立大学を問わず強く経営努力を求められています。そういう中で、立命館は私立大学であり、わずかな国庫補助の下で、経営努力をして20年間でこのように大きな発展を遂げているということで、非常に学ぶことが多い大学だという評価を受けています。

1回目に来られた重慶も2回目に来られた甘粛省も、帰国後、大学関係者を集めて報告会を開いたり、参加者全員が報告レポートを書いて提出し参考にするよ

うにしているようです。

　しかし、中国の大学は、改革のテンポが違います。例えば、重慶商工大学という大学がありますが、去年(2004年)訪ねた時は、学生の寮を全て建て直した直後でしたが、今年の5月に行くと教職員用の1,200室のマンションを建設中でした。さらに大学の付近に別荘のようなものが建っているのです。聞くと、大学の所有物とのことです。実は、この大学が住宅会社をつくっていて、教職員用のマンションのみならず、重慶に来る日系企業をはじめとする外国企業のためのマンション、別荘を建設し販売しているのです。そのいくつかを、大学自身が使っているということです。

　半年の間にこの変化です。利益を稼いで、大学の発展に投資するということになっています。ものすごい勢いで展開していっていることを実感しました。

　もはや日本の教学改革を自慢できるような状況ではありません。日本と中国はお互いに学び合う必要があります。もちろん、賄賂などの問題は山のようにあると思いますが、それはわかったうえで、われわれは、彼らとのやり取りを通じて学ぶべきことがたくさんあると思います。

Q3　アジアとの提携という視点で、これから何が必要であるかをどのように考えておられますか。もう一つは、韓国や中国との提携を進める一方で、アメリカなどとの提携はどう考えらておられますか。

A3　グロバリゼーションの時代です。アジアの国々の大学とだけ付き合うなどということは考えられません。引き続き、北米やEUの国々の大学と様々な交流をしなければなりません。問題はむしろ、日本の大学はつい最近まで欧米の大学との交流はあったが、中国を含むアジアの大学との交流がきわめて少なかったことです。しかし日本はアジアの中にあり、そのアジアが今や世界の成長センターとなり、その位置を高めていることです。そうした時、本格的にアジアの大学との交流を強める必要があります。

　その際に重要なことの一つは、日本の近代化の歴史が、同時にアジアへの一方的な侵略の歴史でもあったという重い歴史的事実を認識し、謙虚に対応することです。

もう一つは、アジアの発展に伴って、アジアの国々においても急速に高等教育が整備されてきています。したがって今後の重点は、大学院への留学生の受け入れ、最先端部門での共同研究の開発に移って行きます。学部生の場合、まだ他の国々にはない特色ある教育の質を保障できるかどうかです。つまり、質の時代に入りつつあることを認識して改革することが重要になっています。

Q4 今回の講義内容はとても興味深いことであったにも関わらず、学内であまり知られていませんが。

A4 そうですね、皆さんでさえ知らなかったんですね。中国では立命館の動きを知ってもらえるようになったのに、学内で知られていない、評価されていないのは、問題ですよね。改善します。

Q5 留学生の住居問題については、大きな問題だと思いますが。

A5 JICAなどの国際協力機関へ行くたびにその話をしています。例えばJICAは、全国に研修センターを作っていますが、大阪センターの場合は短期の研修生用に400名が宿泊可能な施設をつくっています。全国で7カ所くらいあるのですが、すべて短期研修生向けです。留学生向きの住居も用意しほしいと頼んでいるのですが、明確な回答はもらえていません。今のところは、そういう状況です。

第2章 初等中等教育と高等教育
―― その有機的連携

高杉巴彦

はじめに

 欧米諸国の大学ではすでに当然のこととなってはいるが、近年、日本の大学も機能分化の波にさらされている。研究中心の大学、つまり、世界的な研究レベルで最先端の成果を保持し続ける大学と、教育中心の大学、つまり、職業人あるいは教養人を養成する大学、とに分化しつつある。これは、大学の特色を鮮明にすることでもあるが、場合によっては序列化が進んでいくことにもなる。したがって、教育的機能のあり方も大学によって異なり、一般論で語るわけにはいかなくなっている。
 本章のテーマは、このような情勢の中で、あらためて、高等教育と初等中等教育との連携のあり方を考えてみることにある。

I 初等教育と高等教育との連携

 立命館の付属校政策を軸に、この問題を掘り下げてみたい。
 それは、主として次の二つの点に集約されると考えている。
 ひとつは、大学側の論理である。大学側の戦略として、入学生（あるいは志願者）が安定的であることはもとより、基礎学力のある学生を確保したいという考えがある。しかしより本質的には、一般学生たちのなかにあって、大学のミッションを体現し、リーダーシップを発揮してくれる中核的な学生をより多く確保することが重要と考えている。
 二つは、大学へ送り込む側、つまり付属校に軸を置いた論理である。中学

や高校には中核となる学生を大学に送り出す問題とは別に、中・高・大を通した青年意識の形成という視点がある。付属校であることは、初等・中等教育の時点で、生徒たちに広い視野で将来を先取りさせ、また、青年期に本来必要な社会認識にかかわる様々な経験を先取りさせることができる。生徒たちに、自らの人生、すなわちキャリア形成のあり方について早い時期から考えさせ、そのために必要な学力の獲得に取り組む姿勢を育成するという思いがある。これは同時に高等教育から見ても、学生の学力の質や豊かな個性形成の営みの基盤部分の研究でもある。

II 人材流通のグローバル化と付属校政策

　世界市場は金や物だけではなく、人の流通だといわれている。教育者、科学者などの人的資源の流動化がすでに始まっている。その意味では世界はボーダレスになり、グローバルになっている。本当の意味でのグローバル化と、アメリカナイズされたグローバル化とでは意味が異なるが、いずれにしても大学は、優秀な人材を世界的レベルで世の中に輩出していかなければならないという使命がある。他方、学齢人口が減少しているという現状もある。

　その中で日本の人材育成をどのようにしていくのか。これは、国家戦略の部分と、各々の大学が激しい競争環境のなかで自律的に考えなければならない部分とがある。世界的な人的資源の流動化のなかで、優れた教育者や研究者をどう確保し、また養成していくのか。それが、日本政府が考える設置基準やグランドデザインなどと、どのような関係を維持するのかという戦略的な問題もある。有機的連関というときには、その大学、あるいは学部のもつミッションに関わって、それにふさわしい学生を迎え入れ、彼らをいかに育てて、世の中に送り出していくのか。このこととの関係なくして初等中等教育と高等教育の連携はありえないのである。

　歴史的に見ていくと、付属校との関係で、立命館大学がどういう学生を迎え入れていくかということについては、変化が生じている。立命館は、かつて定時制高校を含め、数校の付属校を持っていたのであるが、大学としては

非常にこじんまりとした大学であったので、附属校出身の学生の比率が高い大学であった。しかし、現在ではそのボリュームは逆転している。付属校からの受け入れ目標を2割としているが、実際にはそこに到達していないという規模にある。つまり、大学と付属校の関わり方が変化をしてきているのである。

では、今日の状況をどのように捉えたらよいのか。現在の立命館大学の付属校政策というのは、単なるボリューム論ではない。大学の経営が苦しいから付属校をたくさん作って、そこから学生を入学させて、大学の経営を安定させようというレベルではないわけである。

世界に通用する人材育成のための教育水準と、その中での立命館のミッション、そこにおける付属校出身者の質と量が問われている。

III　中核部分を担う学生たちを育成する

付属校政策において、立命館大学の学生の中核となる学生、学習の面や課外活動において他の学生をリードし、活躍する学生を、多く育成し取り込んでいこうという側面では具体的にどうであるか。それは、一定の範囲で成功している。一定の範囲というのは、付属校生を付属校出身学生以外の一般入学学生と比べた場合、GPAの平均値が少し高かったり、司法試験合格者の比率が一般入学生と比べて少し多かったり、課外活動の一定部分で付属校出身者の活躍が見られるという点である。しかし、付属校生が必ずしも優秀であるとは言いきれない面もある。立命館に慣れて緊張感をもてないケースもある。しかし、大学自身が規模拡大を図るなかで、ボリュームとして付属校生を増やしていきたい、という方向にある。もちろん、一般入学生の質の担保であるとか、あるいは、指定校、他のAO入試で入ってくる学生たちとのバランスなどを考えなければならないが、一定の比率で質の低くない付属校生が存在することが必要となっている。したがって、「中核部分となる学生」を確保したいという点に変わりはないのだが、一定のボリュームとして必要になってきているということが、立命館大学の場合の現段階の特殊性でもある。

大学によっては、付属校生が併設の大学に多く進学しないとか、付属校という形をとらずに系列校という形をとって、一般入試で入学するという場合、あるいは、北海道の立命館慶祥高校のように、北海道にあるので全員が立命館大学に入学するのではないという前提で政策を立てたり、大学によってその位置づけが異なる。経営体制は中学・高校のほうが主流で、後に大学や短大を造っていったという場合もある。

　また一方で、立命館の高等教育と初等中等教育との連携は、まさに小学校開設にも明らかなように、世界に通用する人材育成のための教育水準と、その中での立命館のミッション、そこにおける付属校出身者の質を課題とするものであり、それは連携ではなく「立命館の一貫教育」と呼んでいるものでもある。それは、立命館固有のものではなく、普遍性を持つ一貫教育モデルでもある。

Ⅳ　学力問題をどうみるか

　日本の高等教育において、どこに重点を置いて学生に力をつけさせ、それを進路・就職に結びつけさせていくのかということ、換言すれば、青年意識や学生の基盤的な能力形成の部分を見極め、しっかりと実践的な力をつけさせておくことが、初等中等教育と高等教育との有機的連携の重要な柱の一つでもある。これは非常に大きな意味を持つ。

　初等中等教育をめぐる状況について、学力問題がさかんに言われており、学力到達度評価などが行われている。フィンランドなどは思考型の学力も知識型の学力も世界トップレベルにあるとされているが、数年前までは、小学生と中学生では、知識型の学力については、日本は世界で4位もしくは5位のレベルにあった。しかし、「算数や数学などが面白いと思うか」、「興味を持っているか」という問いに関しては、何十位のランクにまで落ちてしまう。これはモチベーションの問題である。

　算数や数学や理科という教科について、日本の児童・生徒は、テストをやると悪くない点数をとるのだが、それはあくまでも「やらされているからや

表2-1 「人生で最も大切な目標」
新千年生活と意識に関する調査(2001年)

	日本	韓国	米国	仏国
高い社会的な地位や名誉	1.8	7.5	**40.6**	17.8
お金を沢山儲ける	6.0	11.9	15.0	18.3
円満な家庭を築く	17.1	27.5	18.6	**32.4**
社会に貢献	4.4	9.0	11.9	6.5
良い友達を作る	6.6	6.3	4.4	5.3
人生を楽しんで生きる	**61.5**	**34.7**	4.0	6.3
魅力的な異性を見つける	1.2	1.5	3.3	11.7
NA	1.4	1.7	2.1	1.7

っている」ので、「面白くない」という問題を抱えていた。その後、スーパーサイエンスや理科大好きスクールなどで中身のすばらしい実践をやっているところもできているが、どこも立派な内容で教育されているかといえば、そうでもない。例えば、付属校の教員が公立のある高等学校と交流をしていたのだが、そこへ行った理科の教師が怒って帰ってくる。「○○校でスーパーサイエンスと言ってやっているが、あれでスーパーサイエンスだったら、うちはとうの昔からスーパーサイエンスです」というのだ。

つまり、中高の教員自身が、大学や研究所と連携してプログラムを開発し、子どもたちに理科に対する根元的な興味をもたせながら力をつけてさせていく作業ではなく、教育委員会と研究所とが作文をして、某大学の出前講座しかやっていないというのが現状であったりする。

そういうことが問題になってきたときの、インセンティブ、モチベーションづくりというのは、表2-1の「人生の最も大切な目標」(2001年中高校生意識調査)に現れている。つまり、何のために勉強するかという調査とリンクして、「最も大切なことは何ですか」という問いで、アメリカの場合は、ダントツに「高い社会的な地位や名誉」という答えがあるのに対して、日本は、「人生を楽しんで生きるため」という回答が多い。韓国も「人生を楽しむため」という回答が多い。日本は、家庭と人生の問題は出てくるが、社会との関係については極端に数字が低いという特徴がある。

V　学歴インフレと学生のモチベーションづくり

　日本では、教育水準というとき、学力問題だけが問題になるのだが、本当に大学に来て中核になっていく学生というのは、18歳までのところでどれだけ高いモチベーションを持っているかということとかかわっていて、実は、大学教育を考えていくとき、そこの部分にネットを広げる必要があって、単なる付属校問題ではないのである。この点を充分意識しておかなければならない。APU（立命館アジア太平洋大学）の場合はさまざまな国や地域から学生たちが来ているので、インセンティブやモチベーションのあり様が一様でないが、かなり高いモチベーションを持った学生たちが相互交流している。

　では、肝心の学力がどうかということでは（表2-2）、高校での学ぶ量の問題としてこれを捉えてみると、日本の指導要領によくあらわれている。私は1963年（昭和38年）に高校に入学したので、「38改訂」の落とし子なのだが、単位数のところを見てみると、1960年代後半から70年代にかけてのところの学びが、いちばん必須科目が多くなっている。文系、理系関係なく「数学Ⅲ」まで、理科も4科目、社会も全ての科目を学んだ時代である。その後、ずいぶん変わり、必須は半分に満たなくなり、要卒単位でも8割強になってきたわけである。受験競争が激化したことで落ちこぼれが出たと言われているが、実際は、教育内容は削減の歴史であったのである。むしろ、削減の歴史のなかで、大学そのものはレベルを落としていないし、大学入試というものは、そんなに範囲を削減したわけではないので、立命館大学の日本史などは、今日の基準でいうと「難問」が多く出ていることになる。そういう意味では、それを補う意味での進学補習や、予備校、塾に基礎学力が委ねられてきた側面がある。

　高度成長の段階と科学技術信仰が強かった時期には、学ぶ事項が多かった。同時に、親の学歴よりも子どもの学歴のほうが上回り、社会的地位の移動が可能な時代であった。60年代70年代にかけてまではそのような状況であった。

　今では、親よりも高い教育歴であっても社会移動と相関する時代ではなくなっている。大学自身が大衆化し、入りやすくなり、親も高い学歴を持って

表2-2　高等学校の教育課程の変遷と進学率
立命館慶祥中学・高等学校　泊出秀雄副校長作成

年度		単位数		進学率(%)		備考
		必修	卒業	高校	大学等	
	必修、卒業単位数の下段にある％は昭和38年の単位数を100としたときの割合					
A	昭和38年〜47 (1963〜1972)年	68 100%	85 100%	66.8 〜87.2	20.9 〜29.2	教育内容の質の高度化。必修科目増。科学技術の振興
B	昭和48年〜56 (1973〜1981)年	47 69.1%	85 100%	89.4 〜94.3	31.2 〜31.4	多様化。能力適性に応じた教育
	昭和57年〜平成 5(1982〜1993) 年	32 47.1%	80 94.1%	94.3 〜95.3	30.9 〜34.5	多様化とゆとり
C	平成6年〜14 (1994〜2002)年	38 55.9%	80 94.1%	95.7 〜95.8	36.0 〜44.1	高校の多様化、選択中心の教育課程、センター試験の科目細分
	平成15(2003)年 〜	31 45.6%	74 87.1%			生きる力。ミニマムスタンダードとしての指導要領

いる。そんななかで子どもがどの大学を選ぶかということなので、強いて言えば、大学院での競争というレベルになってきている。

　今日、大学は、研究力、大学院生をどれくらい育成しているかが問題になっているが、このことは一大学が他大学と比較して負けてはいられないという側面だけではなく、大学が大衆化したことによって学歴インフレが発生していることを意味している。学歴のデノミネーションでもやらないかぎりは、皆が高学歴なのだから、大学院レベルにおいてさえも、「本当に力をつけていくというのはどういうことか」を問われる時代になっている。

Ⅵ　学校間競争、学力の意味

　一方で、私立大学が定員割れを起こしていたり、国公立大学が法人化をしたりして、高等教育市場が大きく変わって、個性化してくるから、中等教育においても例えば京都の場合、市立堀川高校や、西京高校が特色を持って進めている。とりわけ堀川高校の場合は、理科教育や理数教育を充実させてい

るが、決して、クラブ活動などを禁止したり、京大、東大に何人受からせるかということだけのシステムではない。単なる高学歴だけでは社会に通用しないし、評価されない時代だということに、公立高校が気づいている証でもある。京都では私学を凌いで公立が伸びてきているのだが、札幌市教育委員会は幹部を京都に派遣して、私学に対してどうやって対抗しているかを学ばせ、高校連携プログラムを札幌市立高校の間だけで実行するなどして、頑張り始めている。私立学校対公立学校、あるいは、私学同士の間の競争も激化してきていると言える。

　では、大学側は迎え入れる学生にどのような水準を求めるのか。結局、学力問題は一方で存在する。重要なことは、その学力とは何かということである。ひとつは、基礎基本となる知識の習得である。思考力、判断力、推理力と言われるような部分である。それを客観化し、構造化し、社会化できる能力である。ある意味では集団を動かせる力ともつながるわけである。それと、当然、専門教育を受けるための基盤としての学力がある。同時に、初等中等教育で問題になっているのは、人間性であったり、社会性であったり、人間関係の築き方であったりで、これらが上記の学力とどのように絡んでいくのかという問題がある。特に、高等教育を受け、大学院レベルの力を持っていくためには、分析力、構造的認識力が手法として求められる。例えば、統計的に有意なデータを把握する力などがそうだ。あるいは、論理のなかから矛盾を明らかにして次の段階に高めていく力としては、例えば、組織能力やネゴシエーション能力と、人間関係、組織関係論というところの力が必要になってくるだろう。

VII　粘り強い生徒を育てる

　小さいときから社会関係を築くチャンスが希薄になっていると言われているが、それは少子化の影響で、兄弟姉妹が少ないなども関係しているのかもしれない。しかし、それだけではない。かつては、街に遊び友だちがいて、小学校4年生までは遊んでいたが、5年生くらいになると遊びから遠ざかって、

塾に行くというのが普通だった。親が子どもをある程度までは自由に遊ばせているという現状があったわけだが、今日では、小さいときから濃密な親子関係のなかでのみ成長してきて、そして社会での波風体験、異年齢関係、近所の口うるさいおばさん、おじさんに注意を受けながら育ってくるという経験などがなくなってきているなかで、新たに別のルートでネゴシエーション能力、集団のなかでもまれていく力を培っていかなくてはならない。このことが、初等中等教育のなかで非常に大きなウエイトを占めている。ただ、人間力だとか、みんな仲良くだとかで表現されるようなものではない。求められているのは、学力と結びつけながら、トラブルや、挫折を乗り越える術を学んでいくということである。

　論理を鍛える手段としてディベートというのがあるが、ディベートはひとつの手段として有効ではあるが、勝ち負けをはっきりさせるという性格を持っている。勝ち負けというのは、ジャッジがいて、どちらが勝ったか負けたかを判定して、スッキリさせるものである。ところが、世の中というのは、ジャッジメントされなくて、スッキリとしないことが多い。若い教職員を見ていても、今の世の中の傾向として、ジャッジメントがはっきりされていることで、精神衛生上落ちつくという状態を好む傾向がある。逆に言うと、そういう状況以外では落ち着けない人が増えているともいえる。

　例えば、ネゴシエーションというのは、必ずしもすっきりする結果をもたらすわけではない。こうしようと思っているのに、相手、あるいは、第三者も存在するから、一方では座り込みなどの行動で示されたり、経済封鎖が行われたり、という様々な条件のなかで、気持ちよくはないけれど、この辺りが落としどころだな、という落とし込める力量が問われるわけである。ネゴシエーション能力というのが、本当は大事な力量であり、文化なのだ。

　つまり、人材育成でどのような力が求められるかというときに、TOEFLの得点で示されるような知識力も大事なのだが、基礎基本、表現、分析などをあわせて、組織力、オーガナイズする力、ネゴシエーション力などを創っていかないとだめだと感じている。初等中等教育と高等教育の有機的連関というのは、ひとつはその部分で重要なのである。

Ⅷ　キャリア教育の重要性

　もうひとつは、キャリア意識である。自分はどこに向かって進もうとしているのか、つまり、自己アイデンティティの問題である。しかし、初等中等教育と高等教育の連携のなかで、このことが見過ごされることがある。例えば、中等教育課程で英語力があるとされていた生徒に対して、このまま伸びていけばすばらしいだろうと期待していたのに、実際はそうはならなかった、というような場合、教育課程において、そういう能力と何が結合すれば、力を伸ばさせる仕掛けになってくるのだろうか、ということを考える必要がある。

　世界に通用する力というのは、21世紀を地球的な規模で、社会的諸関係の中に自分を位置づけられるかどうか、という視点が求められる。大人になりきれない、あるいは大人になったつもりの大人という表現が用いられるが、大人になるということは社会認識を獲得することである。社会性、社会認識を獲得するためのカリキュラム、システムをつくること、さらに言うと、アクションプランを立てることが必要である。初等中等教育のところでこうしたアクションプランが用意されていないと、高等教育にまで影響してきてしまう。総合学習を設定したり、現代社会を設定したりするのだが、核心に迫りきれていないというのが現状である。例えば、異文化理解といういい方をするが、これは異文化に対する蘊蓄を語るだけでは意味がなくて、違った国の人々が、自分とは違った社会とのかかわり方を持っているということを受け入れることができるかどうかという問題である。ボランティア活動をして感謝され、よかったと感じるだけでは何も身につかない。何をやっても思うようにいかなかったり、トラブルにぶつかったりするなかで、どうやって課題を解決していこうかと考える。そこに成長があるのである。こうした成長の過程や要素を、学力形成と切り離された心の問題だと捉えてはいけない。学力形成と不可分な問題であると捉えるべきであろう。そのような磁場を創り上げていく過程に初等中等教育と高等教育の有機的連携が位置づけられるべきであろう。

その最も有機的な部分が、キャリア認識の形成という点である。自分の進路が社会認識のなかで、どういう方向に向かうのかを語れるかどうかが、大学に入ってくる時点でのミスマッチをなくすことにつながる。これは18歳までにできていないとダメなのだが、実際はできていない。自分が何であるかということを、就職活動をする3回生くらいになってやっと定めているようではいけない。この点では、世界のなかでも日本は非常に遅れている。日本は高校を出て大学にすぐに進学する数はトップクラスなのだが、高等教育を受けている比率は必ずしもトップクラスではない。つまり、自分が何であるのかがつかめていなければ、大学に行かないという判断をする学生が、世界には多いということだ。働きながら、社会に身を置きながら、考えながら、再度、大学に行ける制度が世界にはあるわけである。日本は、みんなと一緒に大学に行かなければ、うしろめたいし、やっていけない。今でも横並び式の精神構造があるわけであるが、ここを取っ払いたい。

IX　学内進学とキャリア意識の醸成

　同じ立命館の付属校でも京都の生徒たちは、立命館に進学できなければ、恥ずかしいけれど、もう一度頑張るという姿勢を持っている。ところが、北海道ではこのことを非常に恥ずかしいと思う生徒と親が多く、すぐに辞めていく生徒が当初は多かった。つまり、横並び意識が京都以上に強いのである。18歳までにそういうことが解決できていない、という現状をどうしていくか。精神文化をどう創っていくかという点が、きわめて大きな課題である。

　付属校が単に私立大学の付属校であるからといって注目される時代は7、8年前におわっている。

　私たちは、私立大学を併設している全国の付属校が集まってサミットを行った。公開研究会というのをやって、全国のシンポジウムを実施した。その後、それを研究会にしようということになって、早稲田が引き受け、慶應が引き受け、関学も担当し、今年が10年目になる。今年は深草の立命館高校が引き受けるのであるが、そこではそうした生徒のなかにいかに精神文化を育

てるかの問題も討議している。

　有名大学の付属校であるという有名校でも、大学があるから行くという時代は終わっている。そういう状況のなかで、日本的な横並びの精神で大学に上がっていくということに少しの変化が現れてきた。立命館もこうした変化をつくるのには貢献した。社会人入学を先頭をきって行ったこともその一例である。大学院を含め、編入、飛び級など、単線型ではないやり方、やり直しのきかない構造ではなく、社会人になっても学べる機会があるのだな、という時代になっていくなかで、有機的連携を考えていくのであれば、大学院を念頭に置かざるをえなくなる。そうすると、大学院の時代を見据えてキャリア形成をし、目的意識的に学力形成をしていく。これは、教養を身につけていく、普遍的な学力をつけていくということと矛盾するものではない。このことに、取り組んでいく時代ではないか、と考えている。

　小学校で進路決定をするということにはならないが、中学、高校のところで、自覚させていくということと、自分で選択的にあるものをつかみ取っていく姿勢をつくる。自分はどういうことに興味があり、それについては、集中的に得意になっていくのだ、という教育になっていかなければならない。

　例えば、ロースクールというのは、単なる実務型の勉強をするだけではなくて、論理も鍛え、思考力も身につけて、ロースクールからの司法試験合格者を出していくという教育であり、それは正しい。しかし、学部の1・2回生のところで、がむしゃらに勉強をするという気風をゆるめてしまうと、力はあっても、何となくゆるみがでてしまう、そういうことが懸念される。そういう意味でいえば、理系は修士までで実質的に6年制になっているが、文社系でも5年制の大学・大学院一貫制のシステムが考えられることになる。中・高の段階で、「そんなことは大学に入ってから考えればいいのだ」という時代はおわった。中学高校にすべてを任せてしまうのではなく、大学の教職員がどのように関わっていくのかということの意義は大きいのではないか。

Ⅹ　キャリアマインドを養成するプロ集団

　付属校に限らず、キャリアマインドを徹底的に指導するプロの教員集団というのは、日本に非常に少ない。限られた学校の限られた進路指導の先生だけであろう。

　どこの大学に進学させればいいかという進路指導の技をもっている先生と、それだけではなくて、その先生に出会ったから自分の進路が定まった、広がった、ということは、今までは単なる出会いの問題ということだけで片づけられてきた。だから、「あの担任はハズレだ」という評価が出てくるのである。これは単なる出会いの問題ではない。プロを養成するシステムが必要なのである。となると、大学人が中・高に出前講座で指導をするのではなくて、高度なプロフェッショナルとしての技能を持つ教職員たちが、全国の小・中・高の教職員を再教育することが必要となる。高大連携の役割などもそこにあると思う。

　大事なのは、キャリアマインドを持った中・高の教職員を日本中に創っていくという作業である。その観点から言うと、立命館は教員養成系大を凌ぐほどの教員合格者を出している。これはシステマティックに合格させていっているわけである。つまりキャリアマインドを養成していくという作業を、立命館が先験的に日本のなかに創り上げ、かつ、立命館の学生が教職員になっていき、日本全国でそのことを進めていけば、次のジェネレーションのところでは立命館に学生が集まってくるようになると思う。世界の学生と競争できる意識を持った青年たちを立命館に迎え入れるという構造ができるのではないか、と考えている。教育という分野では、日本中誰でも発言権を持っている。なぜなら、日本中の人が教育を受けてきたからだ。教育を受けてきたことで発言はできるのだけれど、自分の体験と自分が教員職員になったときに生徒・学生に対して行っていることの体験、この二つしかなくて、世界的に優れた経験から学ぶということについては、どうも日本中が下手なようだ。とくに若手の職員であれば、つい最近まで、自分も教育を受ける立場の学生であったわけだから、学生の感性を理解できる部分が多いはずだ。そこ

を真剣に考えれば、職員力量、学生への対応、職員同士の関係性を創造的に作り上げていくことができるであろう。

質疑応答

Q1　連携という言葉を何度も使われているのですが、まだ、大学は単独の立場を取っているのが現状です。学生も入ってきたらゴールという感覚があります。高校の先生が何を意識して教育すべきなのか。基礎的な力を創るにはまだ弱いと感じます。種を作るというか、トータルな力というには、小学校から意識をもってやらないとダメだとも思いますが、どのような方法があると考えますか。

A1　種を作るという表現は、とてもいい表現であると思いますね。ただ、大学でやることを前倒し的に、初等・中等教育で先にやるのがいいとは思っていないのです。むしろ、日本の中等教育というのは、それなりに良くできていると思っています。しかし、この段階で教えてはいけない、難しいから、という理由で、ほとんどが大学に行くということを考えてやっていますから、むしろいっぺんに理解をしたほうが、はるかに判りやすいという学習もあるわけです。そういうカリキュラムの組み替え・再編成は大胆に必要ですが、大学でやることを先にやればよい、というのではないと思います。

　学力とは何かというと、課題設定をしたり、テーマ、命題、問題、物事を解決していくときに、何を勉強しないといけないのか、どういう力がないとできないのか、解決するにはどうしたらいいのかということを考えられる力のことです。現状では、課題に対して計画的に思考していくトレーニングが欠けています。これをやりなさい、これを覚えなさい、ということだけで、進学校の場合は、それを早めにやって、ドンドン先に行っているということはあるかもしれませんが、例えば、勉強の方法論だとか、あるいは、考える手だて、トコトン詰めていく論理力、こういう点が非常に弱いのです。例えば、英語の学び方でも、何のために英語をやっているのか、英語をどうやって活かしていこうかということを、トレ

ーニングの場で学んでいないということになります。

　数学の場合などでも、微分と積分などは機械的に習って、問題を解きなさいというスタイルですね。微分は変化を表し、積分というのは全体を理解する概念にもなるのだ、という視点で数学が学ばれていないですね。単位数（学習時間数）を減らした中での今の学習でも、大学入試問題は解ける。解けるけれども、おもしろさがない。一部の人は、それでも解いていって、おもしろさに気づくのだけれど、多くはそうではない。

　大学に入る前に、そういうことを理解させる、そして、大学は面白いところだ、期待できるところだと感じさせる。その部分で、高・大の連携を強めないといけないと思っているのです。

Q 2　立命館慶祥高校で昨年、大学のスタッフが出前で「課題研究」授業にかかわりました。そういうことは必要なのですか。

A 2　本当に共通認識に立って、理解しあっていたら、高校の教員がやるべきことを大学スタッフが出前でやる必要はないと思います。実際に、「課題研究」というのは、高校1年時に置いてみたり、2、3年時に置いてみたりしたのですが、各生徒がテーマを持って調べる前の段階では、どんなテーマにするのかについて教員が一定の期間内でレクチャーしながら、やりました。その後、テーマについての調査・研究をその方法を含めて指導するというやり方だったのです。しかも希望者ではなくて、立命館に進む生徒全員を対象にしていました。はっきり言えば、相当頑張る生徒と、そうでない生徒も含んでいたので、大変な作業になったのです。

　調査・研究のやり方を何回か差し戻しながら、生徒に中間報告をさせました。いわば、結果報告会での質疑にも耐えられるようにしていくわけです。報告を練るなかで、論理分析力、何が足りないのかを発見し、改めて調査する力などが必要になるわけです。こういう作業を、高校の教員の側から言うと、「大学に報告書に至るプロセス部分を見てもらわないと、大学は単位認定をするはずがない」「ほんとうに頑張っているところを見てほしい」というプリミティブな部分がありました。それから、専門的に見れば、こういうところを鍛えないとダメだよという

アドバイスを大学教員からもらって、高校側の教育で実践をしていく必要があるという意見も出てきました。

　もうひとつは、生徒たちに日常的に指導する高校教師とは別に、大学の教員が単位認定できるかできないかも含めて、きちんと様子を見に来ることによって、生徒たちが行きたいなと思うような大学への羨望をかきたて、大学教員への尊敬が持てるようになってもらわないと困るということでした。それが何度か繰り返されていって、これくらいの水準までであればよろしい、ということになれば、以後は高校側の責任でやるべきことだと考えています。ただ、ときどきチェック機能は必要でしょうけれど。相互にどうするか、でしょうね。

Q3　カリキュラムにおいて、何かハードルを跳び越えないといけない部分があると思いますが。

A3　カリキュラムというのは、小、中、高、大一貫を文字通りフラットに考えるのは無理があります。接続、連携を考えるわけです。前段階から後段階に進むときに、前段階を否定したり、カルチャーショックを受けることが大切です。接続を考えるけれど、不連続な部分、飛び越える部分、ハードルを越さなくてはならない部分で、もっとも成長するのです。日本のカリキュラムを考えると、中学のカリキュラムはだいたい良くできる生徒なら、習ったことは全部覚えられるようになっていますね。いい点数が取れる。しかし、高校のカリキュラムは、先生が言ってくれることだけが試験されるわけではなくて、予習、復習が必要になってくる。ボリュームも大きくなって、自分でやらないと点数は取れなくなっている。そこに慣れていけない学生はしんどくなる。しかしそのしんどさを越えていって、大学に行くと、ハードルがなかったりしていますね。

　ですから、適切なハードル、カルチャーショック、前の段階を否定することが大切だと思います。

　難しいのは、ハードルを置くと、そのハードルが越えられないと次の段階には行けないと思うような人も出てくるけれど、ハードルを緩くしていては話にならないわけです。

　例えば、立命館慶祥中学では英検3級をとっていなければ、高校に進級させない、

ということにしました。準2級を相当数が取って、2級も1割くらいが取っていましたから、3級を取れないのは、少なかったわけですが、3級を取らなければ高校には進級させない、としたのです。実際に、3級で高校に進学できなかった生徒はいません。他の問題もあって、立命館の高校に進学するよりは他校に行ったほうがよいという生徒もいました。しかし、3級は取らせます、という形で進めたのです。

　進んで学習している生徒にとっては、問題にならないくらいのハードルなのですが、高校に行けばTOEFLに替わるのですがね。

　あとは、留年制度を高校ではやっていますので、親のほうが恥ずかしがって、辞めたがるのですが、がんばれといって残すようにしているのです。やはりハードルは大事です。

　越えなければダメだよというのが、ハードルで、ここまで到達するとすごいよ、というものを提示していると、すごい生徒が出てきます。例えば、英語の上手な国の学生と議論をしてくると、カルチャーショックを受け、弁論日本一の生徒が出たり、アジアの架け橋になって、アジアでのブロードキャストに携ってみたいと考える生徒が出たり、モチベーションが高くなりますね。すぐにイコール学力とはならないのですけれど。日本はとくに落ちこぼれを出さないという教育でやってきましたが、先進を伸ばしていくためのハードルは非常に大事だと思います。

Q4　学内進学などで不本意入学生たちもいるわけですから、心のケアが必要な場合があるのではないですか。

A4　北海道と京都の気質の違いもありますから、答えにくい質問です。もまれ方が違うわけです。北海道はよく言えば、素直で、幼い、言い換えれば少しナーバス。全体にそういうことは感じました。

　もうひとつは、どの学年かによっても違うのですが、最初は立命館ではない大学に行こうとしている生徒たちで、途中で立命館志願に変わったとき、不本意入学かどうかということはあります。

　逆に、発展途上の学校でしたから、コンプレックスを持たさないようにと指導したのですが、煽ったところもありますから、立命館に学内進学を決めたあとに、

塾に行った生徒がいるのです。進路が決まってから勉強するのはたいしたものだと、周りからは言われましたが、そうではなくてね。

ただ、進路指導で、他大学受験の指導も積極的にやっているから、それがナーバスにならせているというよりは、個人の特性であるような気はします。

慶祥では、「リベラ委員会」という名称の教員の研究会をつくったのです。何かといいますと、例えば、男女交際をするでしょ。交際が壊れるでしょう。その後、ガタガタになる生徒が多かったのです。それで、男女交際をするな、という委員会ではなくて、人間として付き合うのだというふうに鍛えないとダメだな、と思ったのです。壊れるたびに保健室に駆け込んできて、相談する。そういうのは、多かったですね。それを社会性を持ったしたたかな人間関係として捉えて指導するノーハウを、教員に勉強してもらいました。

第3章 エクステンションセンターと大学教育
―― プロフェッショナル人材の育成

安達亮文

はじめに

　本章の目的・獲得目標は主に、①本学においてエクステンションセンターが設立された歴史的・時代的な背景、事業内容や取り組み、到達点を概観しながら、高等教育機関としての本学におけるエクステンションセンターの本質的意義と役割の重要性を理解すること、②本学における課外教育事業の取り組みや今後の事業展開を進める上での課題や方向性（選択肢）を理解すること、③エクステンションセンターのケースを通して、学校法人立命館の職員として、あるいは大学運営や各部門事業を戦略的・実践的に展開するアドミニストレーターとして持つべき視点、マネジメント力量のあり様、今後の本学における「課外教育事業」の展開の方向性について考察していく上でのケーススタディとして活用してもらうこと、の3点を中心的な柱としている。

　まずエクステンション事業の概要について、講座運営、受講生数、運営体制、到達点などの点から紹介する。次にエクステンションセンターの設立の理念と背景や基本的考え方を、最後に今後の課題について述べる。

I　エクステンションセンターの事業概要

　本学エクステンションセンターは、1992年の開設以来、以下に示す基本理念に基づき、「運営委員会」（1993年設置）で決定された方針のもと、民間の専門機関・予備校と提携しつつ、在学生を基本とした実践的プログラム・講座を展開してきた。

2003年までの約10年間の取り組みを通じ、受講生数で3.4倍(4,600人→16,000人)、受講料収入で3倍（約1億2,000万→3億7,000万)、司法・国Ⅰ・公認会計士など主要3講座における最終合格者数4.4倍（のべ263人、14人→62人）という到達点を築いてきた。(1992年発足時4講座→2004年22講座)。また、2003年度からは、新たに「政治家養成講座」を開設し、21世紀を切り拓く政界人材の養成に資するべく取組みを始めている。

＜設置にあたっての基本理念＞
①総合大学としての機能を生かし、学生が正課で学びつつ、自らの進路について多様な選択肢に出会うことができる条件を提供すること。
②学生が、社会の高度化・多様化に対応できるプロフェッショナル（高度職業人）に成長する条件を提供すること。
③有能なプロフェッショナルを各界に送り出すうえで、京都という立地条件の限界をカバーする体制やシステムを構築して支援すること。
④正課学習・課外講座とエクステンション講座の受講が相乗効果を発揮して、大学生活を目的的で充実したものになるよう援助すること。

1　開講講座と受講生数

　本学エクステンションセンターでは、設立以来、司法講座、国家公務員Ⅰ種・外交官などの公務員講座、公認会計士講座など、いわゆる「難関分野」への受験・進出を支援する「3大講座」と、その他の資格取得やスキル獲得のための「各種講座」を展開している。受講生数は、衣笠とBKCをあわせて2004年度ではのべ15,000人である。例えば、「公務員講座」では衣笠で3,243人が、BKCでは1,453人が受講している。これらを含めそれぞれのキャンパスで、ほぼ8,000人弱の受講生数である。先述したように全体の受講生数では、設立当初から見ると3倍の規模に拡大増加した。本学のエクステンションセンターは他大学と異なり、設立以来在学生・卒業生を中心とする資格取得・スキルアップ支援を中心にすえた事業展開と運営を行っているが、在学生を基本とした数としては、他大学からみても驚異的な数字であり、これが本学

エクステンションセンターの特徴の一つともなっている。また、在学生にとっては、正課とならぶ「学びの拠点」として定着してきたばかりか、最近では本学のエクステンション講座に魅力を感じ、特定の講座を受講したくて入学した学生もいるほどである。

2 運営体制

理事長を運営委員長とし、常務理事をメンバーとする「運営委員会」体制のもとで、年度ごとに方針・総括論議を行いつつ諸事業を推進している。、特に主要分野については目標と達成のための年次計画を立てながら課題を遂行している。また難関分野における支援プログラムを学部や教員と共同して推進するため、各学部からは「コーディネーター」教員を選出してもらい、学部教学との調整や受験生支援や講座の講師なども委嘱しながら運営を行っている。

3 事務局体制

事務局は、「教育文化事業推進部」に所属しており、次長のもとで衣笠、BKCの事務局を設置し、各キャンパスにおいて具体的なプログラムや諸課題を遂行している。

私のいる衣笠キャンパスでは、研心館に事務局を設置し、専任は課長1名、課員4名の体制で運営している。内訳は、2000年度より法学部との共同で存心館に「司法試験センター」を設置したことに伴い、そこに課員2名を配置しており、研心館では課長と課員2名の体制である。契約職員は研心館4名、存心館に2名を配置している。その他、講座運営力量を有した派遣(委託)職員、補助アルバイトなどである。講座は主に月曜日から金曜日の夜間、土曜日の昼間に開講していることから、基本的に月曜日と土曜日は半数交代の出勤体制をとり、平日は時差勤務を行っている。難関分野では講座以外に受験セミナーや相談会、個別指導のための様々な支援プログラムを展開していることから、入試時期を含めて月曜日から土曜日まで「多忙な」職場である。またこのような少数の専任体制の中で、研心館と存心館の2拠点下でのプロ

グラム・講座運営、時差・土月勤務などの変則勤務、契約職員、アルバイト、派遣などの「多様な雇用形態」をとっており、新任職員の配置などもあって、意思統一の時間確保や育成的観点での業務担当とその援助、各層との情報や課題の共有、学生を基本にすえる業務風土づくり、窓口業務における力量向上の日常的な追求など様々な面で腐心しつつ、「強い事務体制づくり」を追求している。最近は、難関分野の合格者数の増加・拡大、受験母体層の増加・拡大、受講生数の増加等に伴って受験生への個別支援等の比重が大きくなってきている。

4 到達点

(1) 全体

2004年度までの約10年間の取り組みを通じて、受講生数では3.4倍、16,000人の規模となり、受講料収入では3倍の規模となった。また司法、国家Ⅰ種、公認会計士など主要3講座での最終合格者数は4.4倍に拡大した。

(2) 難関分野

2005年6月、国家Ⅰ種試験の合格者発表があり、最終合格者数は42人で設立以来過去最高となった。またその直前に発表のあった司法試験の短答合格者数は、昨年（160人）と並ぶ実績であった。1992年にエクステンションセンターが発足して以来、ここ4、5年で、隔年現象はありつつも、最終合格者数を2桁台に乗せることができるようになった。国家Ⅰ種では、私の配属された年の最終合格者は9人であった。当初マスコミにも取り上げられない実績でスタートしたが、現在では全国私大第3位のところまでもってくることができた。

今では笑い話になるが、当時課内では、マスコミ、新聞に取り上げてもらう数値を出そうということをスローガン的に掲げ、夏期研修期間に専任職員合宿を行いつつ、上位20位以内を目標にしようという議論を集中的に行った。提起し実践する主体であるエクステンションセンターの職員こそ、迷うことなく、確信をもってその方向で頑張るという意識づくりとそのための具体的

プランづくりに時間を割いた。それも今や、国家Ⅰ種では当初指標として設定した大学を抜き、もう少しで、全国トップ10に入るところまできた。手ごたえを感じているところである。

なお、2004年度実績でいえば、難関分野における最終合格者数の合計が、設立以来はじめて100人を超えた。実をいえば、この100人という数字は、2000年度に達成すべき数値でもあった。私は、1998年の秋にエクステンションセンターに配属になったが、その年に、エクステンションセンターから答申が出されており、その中では、2000年が学園創立100周年であることから、100人の合格者目標が出されていたのである。ちなみに、1998年当時の最終合格者数の合計は32人であった。

(3) 各種講座

司法試験や国家公務員一種、外交官、公認会計士などの「3大講座」以外に、「各種講座」を開講しており、難関分野におけるプログラムの推進を支えるための収入を確保しつつ、全体として収支均衡をはかりながら運営してきている。しかし、各種講座とはいえ、在学生にとって、それぞれの資格やスキル取得講座が、在学生自身の進路開拓、能力・スキルの開発や獲得にとって有益かつ魅力的であり、彼らの在学中に実現可能なものでなければならないし、エクステンションにおける合格率が全国レベルより低いようであれば、受講生は集まらないであろう。エクステンションとしては各種資格試験の合格率を、全国の1.5倍ないし2倍、高いもので、2.5倍の水準を目指すことを掲げており、講師や業者ともその点での合意と理解を得ながら、毎年の高い水準での合格者輩出とそのための質の高い講義や授業・カリキュラムを追求してきている。したがって、エクステンションセンターにおける受講生からの「授業評価」も辛辣であるが、その分、学生だけでなく講師や業者も真剣であり、熱心である。さらに外部の講師の方々は立命館の受講生や学生にとても愛情をもってくれている。

合格実績は、他大学や受講生に数値を示して説明している。他大学とはより高い水準でよい意味での競争をしたいと考えているからであり、学生には

講座の質で選んでもらえる確信があるからである。私が配属された1998年以降、このような取り組みを行いつつ、受講生たちの進路就職状況については、毎年定点観測と追跡調査を行い資料化している。

なお、エクステンションセンターにおける各種講座の評価・検証は、主に以下の3つの視点から行っている。

ひとつは合格率である。講義の質ということでもある。受験対策をしているわけであるから、合格させなければ意味がない。またそのためにも、学生たちの意欲を高める講座内容であってほしいし難しいことを判りやすく教えることのできる講師に来てもらいたいと考えている。

次が、受講生数である。一方では受講料収入ということにも関係する。

3点目は進路就職状況である。この講座を受講した学生が、どういう進路就職先に進んだかを追跡調査している。

講座によって、中間と終了時にアンケートをとり、集約して、講師、業者との打合せに活かすとともに講座の改善・改革に努めている。

II　エクステンションセンター設立の背景と基本的考え方

エクステンションセンターが設立されて13年が経過した。上で紹介した到達点や取り組みも一朝一夕に達成しえたものでなく、これまでの先輩諸氏の取り組みや経験、その中で継承されてきた教訓の積み重ねがあった。この間いろいろなプログラムを実施し、また学部や関連事務局との協力など、様々な取り組みを通じながら推進してきた。では、ここで、なぜ本学がこのようなエクステンションセンターの設立に踏み切ったのかを私見も交えて、5つの点から報告する。

1　ダブルスクール現象と大学教育

1980年代後半から、学生の中に、将来の進路をにらんで大学での正課授業とは別に司法試験や簿記、語学等の民間専門学校、各種学校に通う事例が目立って増加した（当時、「ダブルスクール現象」といわれた）。特に司法試験などでは、

受験者の大半が受験予備校に通学している実態も明らかになった。

　本学においては、これに伴う学生の多額の費用負担の問題、勉学やクラブ・サークル活動などの課外活動の時間の圧迫の問題として、学生から全学協議会[1]でもたえず指摘が行われてきた。本学ではこれらの問題点に対して、大学における正課カリキュラムの問題として真摯に受けとめつつ改革努力を積み重ねてきたが、時間数や教員体制の問題もあり、これによって学生の要求や問題のすべてを解決することができないことも明らかであった。

　このような状況の中で、大学として、学生自身が現実の経済的社会的基盤の中で切実に迫られている進路・職業問題を切りひらくために、実際的な知識や能力を身につけることを求めざるをえなくなっているという実態を受け止めるとともに、この「ダブルスクール現象」の広がりが大学に問うている意味を深く掘り下げる必要があった。もちろんこれらは正課教育におけるたえざる改革努力によっても克服していくべき課題であるが、それとともに、現に学生たちが学外で行っている学習を学内に取り戻すことによって、経済的・時間的負担をより軽減し、学生のもつエネルギーを学内で発揮させ、大学のプログラムの中で学生の学びや成長要求を実現させていくことも大学に課せられた責務である。エクステンションセンターの受講が、正課の学習を豊富化させ、科目によっては広め、深めるというシナジー効果も位置づける必要があると思われた。

　特に重要なことは、大学としてダブルスクール現象が大学に問うている意味を真摯に受けとめるとともに、大学教育の課題として主体的に掘り下げ、大学のプログラムの中で学生の学びや成長を実現させていくことを基本にすえた議論をし、エクステンションセンターの開設方針として提起したことであったと考えている。

2　生涯学習社会への対応（社会人が求める多様な生涯学習要求）

　1980年代には「大学の社会への開放」ないしは「公開講座」等は、大学が地域社会に果たすべき役割として多くの大学で取り組まれていたが、本学で1949年以来市民向けの開放講座として「土曜講座」に取り組んできたという

長い経験を有している。この講座は、今では学内の多くの研究所や学部等においても、公開の催しとして活発に展開されている。

しかしながら、「生涯学習社会」を展望した時、こうした、大学の研究成果を無償で社会に還元するという形態によるものだけでは、社会の多様な要求に応えることは難しいということも明らかであった。そのため、大学の正課教育そのものが、欧米にみられるように、これまでのような後期中等教育を終え一定の年齢に達した層（「伝統的」な学生層）のみを対象とするだけでなく、社会人に開放され、また容易にアクセスできるようになることがますます求められていた。そしてそれは「二部（夜間）教育」や「通信教育」といった従来の枠組みを超える形態を求めるものでもあった。

すなわち、社会人の生涯学習要求やニーズといった場合、それは一般教養的なものを深める、といったこともももちろんであるが、その求める内容は多様である。例えば、職業をもつ社会人からは、「リカレント学習（継続学習）」[2]として実務的な知識を深めたり、進歩する最新の技術を改めて習得したいというニーズが出されていたし、転職・独立ないしは昇進を目指して各種の資格試験等に挑戦するといったニーズも多くみられた。

こうした傾向は、当時すでに18歳人口の減少が予測されていた中で、本質的には大学教育の役割を改めて大学自身に問うものであったが、多くの大学においては「伝統的な学生層」の減少を補う策として、社会人学生を受け入れるプログラムづくりを急速に進展させるものともなった[3]。

このような生涯学習社会のニーズの顕在化を大学教育の問題としてどのように受けとめ、正課教育と社会人教育をどのように結びつけていくのか、大学全体としてどのような形態で応えていくのかという基本的な課題が提起されていた。

3　高度専門職人材の輩出と資格試験への対応の必要性

大学の歴史的形成過程をみれば、医者や法曹、教職などの専門職試験は大学教育を基盤として成立しており、大学はこうした専門職資格との深い関わりの中でも発展してきたということができる。各大学においては、このよう

な資格試験の準備プログラムを、正課とは違った「法職課程」や「研究所」等の形態で提供してきており、その合格実績が現実の大学のステータスや入学者の質の確保策としても重要視されてきた。本学も同様にまたそのような努力を積み重ねてきていたが、合格実績という側面からみた時、当時同レベルの学生層を受け入れていた他大学に比して、必ずしも十分な量的成果をあげてきたとはいいがたい状況にあった。特に1992年の司法試験合格者数が1人に陥ったことは、本学における危機意識とこの課題解決の緊急性を浮かび上がらせることとなった。

　また1990年代新たな傾向として、わが国においてはそれまで比較的社会に定着することの少なかった多様な各種資格が顕著に増加しつつあった。その中には弁理士や不動産鑑定士などのように、今後の日本社会において重要度を増すと思われる資格も少なくなかった。本学としてこのような社会的変化やニーズにどう応えるのかという課題もあった。

4　教育サービスと「受講料」徴収問題

　経費の多くを学生の授業料等に依存せざるをえない私立大学が、学生の資格取得要求や専門学校等への通学要求に応えたり、またこれからの生涯学習社会に応えていこうとするとき、無料の課外講座を行ったり、公開講座を無料によって拡充していくことには大きな制約がある。

　もちろん政府の助成や社会の寄附等の公的資金を求めて、本学としてこうした制約を緩和し克服していくことは当然追求されなければならない重要なことである。しかし現実に、ある種の教育サービスを一定の料金を支払って受け取るということが、すでにわが国において社会的常識になりつつある背景のもとでは、正課授業とは別に学生が自主的に受講するものである以上、一定の費用を徴収し可能な限り事業を独立採算的に運営し、大学として信頼性の高い教育サービスを提供していくことは可能であり、困難な条件を抱える私立大学が行う教育事業としても合理的であると考えられた。

5 これからの社会と「求められる大学像」への挑戦

　大学が「学問研究の場」であり、学術文化の中心として、あるいは「知的共同体」として、その存在と役割がますます社会から期待されることは明らかであるが、同時に、1990年代は、社会の変化にふさわしい「高等教育機関としての役割」が改めて鋭く問われ始めていたといえる[4]。

　1960年代以降わが国における大学進学率の上昇傾向の中で顕著になった「ダブルスクール現象」は、学生の諸能力を引き出し発展させて社会に送り出すという教育本来の役割を再確認させ、学生の実態に即した教育の発展を追求しなければならないことや、社会で生きていく力を身につける上での大学教育の役割の重要性といったこととともに、高等教育の「現代的なあり方」をたえず追究することの重要性を改めて認識させることとなった。

　さらに、「生涯学習社会の到来」という新たな状況変化が予測されることともあわせて、これまでの伝統的な大学観にとらわれるのではなく、新たな「大学像」モデルを構築する必要性を強く意識させ、それへの挑戦とそのための「創造的改革」を決意させる要因のひとつともなった。

　以上のような背景の中で、本学として、各種の資格取得やスキルアップを全学的な見地から集中して行う機関としての「エクステンションセンター」を発足させることとなった。本学が民間の専門機関や予備校と提携して各種資格講座を開講する形態は、他大学に先駆けた事業として「立命館方式」とも呼ばれたが、その後全国の大学において同様の形態で展開されるようになっている。

　当時は、今のように、急速なスピードで情勢が変化しているという時代ではなかったにせよ、高等教育機関としての使命の自覚をもとに、これからの社会にむけて本学としての大学改革のあり様を熱心に議論していた時代であったし、大学改革の方向性や本学がそのフロンティアモデルとなるといった強い意識を教職員が強く持っていた。当時の学生を取り巻く社会状況や学生実態のなかから、立命館大学にふさわしい方向を議論して、新しい大学像を創り上げていくために、挑戦しなければならない課題についての政策的判断がなされた時期ではなかったかと思われる。

III これからの課題－新たな高等教育情勢の展開の中で

　本学をめぐる情勢・動向は、学園の第4次長期計画事業の一環としてエクステンションセンターが設立された90年代初頭以来急激に変化してきている。90年代には大学を含めた教育全体の課題が噴出するとともに、21世紀の大学像を求めて多くの改革が実施され始めた。そして現在、18歳人口の急激な減少傾向のもとで、すでに高等教育界全体としては「ユニバーサル化」を達成しつつあるとされる。いよいよ国立大学法人も巻き込んだ国際的レベルでの熾烈な競争が始まっている。また他方では、「知識社会」「知識経済」への移行期にあるとされる中で、大学の「質」（知識市場の拡大にふさわしい教育と新しい知識を生産する研究機能、アカウンタビリティ）、「統治能力」（資金の多元化と質の評価、伝統的な教育・研究組織の変更）、「資金調達」などの改革が必要とされている。このような大学を取り巻く動向や期待を摘記する。同時にこれらのことは、これからのエクステンションセンターのあり方を規定することにもなるものである。

1　高等教育政策の動向
　わが国における高等教育政策の動向を、主要項目にとどめて記す。
　(1)　文部科学省の政策動向
　　競争・評価・適格者支援を柱とする競争的性格を強めるものとなっている。
　(2)　国立大学の法人化
　(3)　他大学の改革の急激な展開
　(4)　高等教育の質をめぐるグローバルな国際競争の激化
　(5)　大学ランキングによる競争の加速化

2　社会的動向、国民・社会の期待
　(1)　社会の高度化に伴う要請
　　新しい技術や知識にかかわる再教育が求められており、①職業人のリカレ

ント教育としての需要・ニーズが高まってきている、②国際化・グローバル化の進展により、紛争予防・処理を含め外国語コミュニケーション、異文化理解の必要性・ニーズが急速に高まってきている、③学問領域において学際分野が広がるとともに、一方で専門領域の高度化・細分化も進んできており、大学4年間（学部）で教育を完了することの限界性も明らかになってきた。

(3) 大学の大衆化に伴う要請

18歳人口の急減と進学率の上昇に伴い、大学教育への期待や担うべき課題の多様化が進行している。特に最近は大学進学者の進学動機の多様化、学習意欲等の低下なども指摘されるようになった。大学教育の課題は、青少年が育ってきた社会的環境や現代社会が抱える課題、青少年を取り巻く状況の変化、初等・中等教育までの教育内容なども含めた吟味を必要としている。

(4) 知識社会化に伴う要請

知識社会化の進行は、対処方の知識、職業上の知識、実用志向の知識の必要性を飛躍的に増大させるとともに、高度な専門的教育的訓練を受けた人材需要を高めること、そしてこうした知識は、必要な限りで自分で修得することが求められ、体系的知識の伝授・獲得よりも個々の単位（モジュール）を学習する需要を生じさせることが予測されている。

3 大学における教育内容・形態への要請

(1) 現代的課題や社会からの要請に応えられる「教養教育」の課題

「幅広く深い教養」、「総合的な判断力」、「深い人間性」の涵養など、高等教育機関としての基本的使命にかかわる課題は今後とも重視されなければならないが、さらに言語能力（国語・外国語）や情報処理など「リテラシー教育」の重要性が増大している。また、最近では、大学教育を受けるまでにある程度完成しておくべき教育内容を大学としてどのように教えるかということが、「大学と後期中等教育との接続問題」としてクローズアップされてくるようになった。

(2) **専門教育**

学部における「専門的教養教育」と大学院教育を区別し、さらに後者については、高度専門教育として、「研究者養成のための教育」と「高度専門職業人養成のための教育」を区別して行う施策が進行しつつある。

(3) **教育形態の多様化**

学部・大学院の正課授業における単位認定形態の多様化や職業観・労働観育成のための「キャリア形成科目」の設置、「インターンシップ」など新たな取組みも急速に進んできている。さらに、国家試験対策や教養・文化的な公開講座・講演会など、正課以外の教育も活発に展開されるようになってきており、その内容や形態も多様化している。

4 本学としての基本課題

このような社会的状況の急激な変化のもとで、本学としては、これまで築き上げてきた学園の実績・到達点に対する確信に立って、それをさらに高め、父母、社会の高い期待、学生・生徒自身の意欲に応えるものとして、総合学園としての教育研究事業を政策的に遂行する必要がある。とりわけ、私学立命館として学生の「確かな基礎学力と高い専門学力」の修得、「豊かな個性・人格」の形成を成し遂げ、「自律した学びの主体」としての学生の成長を生み出し、高い水準での進路・就職実績をつくりだすこととともに、研究や社会貢献、国際貢献において高い成果を生み出していく取組みを旺盛に展開することが求められている。

Ⅳ 新たなレベルでの課外教育事業の検討

社会の高度化・国際化の進展とともに、18歳人口の減少、大学のユニバーサル化（大衆化）の進行、競争的性格を強める高等教育政策と他大学動向、知識社会化の進展によるニーズや期待の変化などの中で、大学には21世紀社会や国民の期待に応える高等教育機関としての役割をさらに個性的に発揮する

ことが求められている。本学としては「新世紀基本構想第1期基本計画要綱」[5]を提起し、基本的方向性を明らかにしつつ「教育の領域」、「研究の領域」、「社会貢献の領域」の3つの重点課題を設定し、新たな取組みを始めたところである。今後、特に大学教育の質や人材養成機能が本格的に問われ始めている状況の中で、エクステンションセンターとして本学の基本課題の達成に資するために、「課外教育事業」をどのように展開すべきかを検討しなければならないと考えている。

1　難関分野へ挑戦し進出する母体層の拡大

エクステンションセンターのなかで、特に難関分野と呼ばれる、例えば司法試験、国家Ⅰ種などは、2006年秋に開設する朱雀キャンパスでの展開とあわせ、いっそう力を入れていく必要がある。

例えば、国家Ⅰ種では、早稲田や慶應など日本私大のトップをキャッチアップしなければならないと思っている。そのためにどんな仕組み、仕掛け、どんなことを考えなくてはいけないのかを、追求していく必要があると思っている。

2　難関分野を支える収支構造と各種講座の展開

各種講座のところでも述べたが、受講料収入で難関分野をまかなっており、収益的な講座も含めて展開することが必要である。

また、生涯学習ニーズにどう対応するかについては、現在衣笠の地にあるということもあり、講座を夕方から開講しても、社会人が衣笠までなかなか来れないという地理的・時間的な制約条件がある。したがって、四条、京都駅、大阪、東京といった沿線などでの場所の活用も含めて考えないと社会人対象の講座は難しい。また近年は大学院レベルでの社会人教育や生涯学習が実施されており、正課の役割も重要である。

講座の地域の方への開放ということもあるが、学生をほったらかしにするようなシステムではだめであろう。そういうことをやるためには、本学のクレオテックなどからも協力を得ながら、新しい領域を開拓したり、運営方法

を工夫するなどが必要であろう。朱雀の新キャンパスを含め、エクステンションセンターとしてはいろいろなキャンパスに講座を展開することを想定しながら、そこを全体としてマネジメントすることを考えていく必要がある。

繰り返しになるが、特に難関分野の領域では、さらに高い水準で到達点を切り開かなければならないと考えており、この開拓がなければ、エクステンションセンターの存在意義はなくなるとも考えられる。難関分野に数多くの学生を挑戦させること、進出させることへの取り組みは今後とも絶対にはずせないきわめて重要なミッションである。

注
1 全学協議会とは、学生・院生を含む全学の構成員の参加によって大学運営や学園創造に関して議論する取り組みの中心的な位置づけをなす機関であり、学友会・院生連合協議会・理事会・教職員組合・生活協同組合（オブザーバー）で構成される。
2 最近では生涯学習センターを設置したり、サテライト教室（通信回線・衛星を使った遠隔講義）、他の高等教育機関との連携といった新たな形態により、社会人のための講座・プログラムを提供する例も多くみられるようになっている。
　　リカレント教育（学習）とは、高等教育機関が実施する、職業をもつ社会人を対象とした各種の受入れ方法のことで、公開講座を除く。
3 今日では各大学において様々なプログラムが展開されている。
　　受け入れプログラムとしては、社会人特別入試、科目等履修生制度、聴講生制度、研究生制度、企業派遣学生受入れ制度などがあり、現在は大学院レベルまで拡充されている。教育システム・制度としては、昼夜開講制、二部・夜間部制、編入学制度(学士入学)、聴講生制度などがある。また、高等教育機関との連携といった新たな形態により、社会人のための講座・プログラムを提供する例も多くみられるようになっている。
4 当時は、大学改革の遅れに対する国民的批判も顕著になってきていた。例えば、「大学の専門教育は社会では役に立たない、大学はぬるま湯につかって自己改革しない」などであった。
5 2003年から2007年までの学園創造計画。主要な柱は教育・研究の高度化、社会貢献。教育においては「確かな基礎学力」「豊かな個性」を、研究においては「若手研究者の育成」を、社会貢献においては国際社会への貢献を企図した政策。

質疑応答

Q1 質問が2つあります。

私のテーマは首都圏戦略です。市場調査も行ってみたのですが、関東と関西では難関突破に差があるのではないかと感じており、情報の質からも違いを感じています。このような点も含めて難関試験突破という切り口で何かアイデアがありましたら聞かせてください。

もうひとつは、生涯学習に関して、18歳人口が減少した場合、学部の規模は縮小します。そういう場合、あれだけ予備校があるなかで、立命館はどういう状況でたたかうのか、というアイデアを聞かせてください。

A1 まず首都圏戦略の関係ですが、先ほど紹介した設立理念を見ていただくと判ると思いますが、設立の際には、京都にある、あるいは衣笠の地にあることによる制約条件をカバーするためにはどういうプログラムができるか、を考えることからスタートしたのです。そういう意味では、現在の社会状況や時代の中で、首都圏を視野におきながら、学生に挑戦させることは大事だと思っています。

1年くらい前に近隣の大学の調査訪問をした際に、そこの先生から「立命館は学生たちを囲いすぎではないか」と言われたことがあります。「井の中の蛙にしているのでは」と言われました。

しかし、これもまた難しくて、それでは四条や京都駅近辺にある予備校に立命館大学の学生を行かせた場合、本当に切磋琢磨して帰ってくるか、と言いますと、必ずしもそうとは言いきれない部分があるのではないかと思っています。

京都という地域そのものが、やはり首都圏に比べて情報の入るスピードが遅く、しかも本当に有用な情報が入ってきているのかということがあります。東京では、刺激的なものも含めていろいろな看板が目につき、また日常の学生生活の中で、官庁のキャリアをはじめプロフェッショナルな人材・OBと触れ合い、現場で動いている政策マンの話や意見を聞いたりしながら議論を行うことができるという環境・条件があります。学生たちはサークルや通学電車の中でもそのような情報を耳にし、身近な友人・先輩とも意見交流しながら、試験勉強や対策を行っていま

す。世の中の動きを直接敏感に感じとりながら勉強する、そういう環境が京都にはないのです。

　この意味では、そういった緊張感のあるところに学生を送り出すことは大事であると思っています。少し前に、東京に寮をつくったらという話も聞いたことがあるのですが、短期間でも首都圏で立命館の学生が学習・成長できる条件・環境を整えることも大事だと思っています。そしてそのような条件をもとに、学生の支援プログラムをエクステンションセンターとして創れたら、学生にとっても面白いのではないかと思います。

　次に生涯学習に関してですが、第3節「これからの課題－新たな高等教育情勢の展開の中で」に、「知識社会化に伴う要請」という項目を入れてあります。質問者の指摘のように、私も基本的には、18歳人口の減少や少子高齢化社会の進行、社会の高度化などの動きと関わって、ますます生涯学習ニーズを視野においた「課外教育」を考える必要があると思っています。また、今後は「知識社会化」するといわれている時代の「生涯学習」とはどういったものであるのかについても考えておく必要があるのではないかと思っています。「知識の陳腐化」を補うためには、「体系的な知識の伝授」とは別に、モジュールという短期の単位で最新の理論を学ぶ講座を展開することも必要だろうと言われています。しかし一方では、教養文化や啓発的なセミナー、伝統的な学術教育の継続学習とそのニーズという面もあります。高等教育機関における「課外教育」として展開する場合、エクステンションセンターとしてはこのあたりもふまえて、追求する必要があると感じております。

> **Q2**　独立採算的に事業を行われているということですが、事業の収支を合わせる工夫などについて聞かせてください。

A2　講座でいえば、赤字の講座もあります。とくに難関分野はプログラムが細かいわりに、受講生数が少ないので、その中だけで収支を合わせるのはもともと無理だと思っています。学生の多様な要求から、赤字の講座も支援していくためにも、各種講座の展開、あるいは収益的な講座を考える必要があります。

Q3 講座の検証をどのようにしておられるのか。また学生のモチベーションを維持する工夫について聞かせてください。

A3 検証はアンケートによります。

　一番大事な点は、資格試験でいえば合格率や合格者数になると思っています。ただし、例えば合格率だけでもだめで、受講者のうちでどれくらいが受験をし、合格したかも必ず見ています。例えば、ある講座で100人が受講していて、3人しか受験せずその3人が合格したら、合格率は100％ですが、それはおかしいでしょう。やはり受験させることも含めて、考えます。

　次にモチベーションのことですが、一般的に6月の初旬ごろから学生たちの出席率が落ち込み始めます。大学に慣れて、授業のペースもわかり、またサークル活動などが本格的になるに従い、出席率が落ち始めるのです。この時期に講師から適切な指導やアドバイスがあるかどうかも非常に大きいと思います。

　また、補足的にいえば、講座にもよりますが、大学の正課授業として取り入れてほしいな、と思っている講座もあります。意味は2つあります。試験対策としてのプロが教える授業の参観を皆さんに行ってほしいこと、もう一つは単位認定です。例えば、色彩検定講座です。この講座は毎年受講生のほとんどを合格させている実績をもつ講座ですが、合格者数や合格率などその顕著な成果が認められ、5年連続で優秀団体賞を受賞している講座です。4年制の総合大学では恐らく本学だけです。また、旅行業講座というのもあります。たくさんの学生が受講しています。ある大学では、旅行業資格をとれば、単位を認めてくれるのですが、立命館大学では認定されません。色彩検定の1級などもそうです。

　学生が自主的にいろいろなところで学んだことやその成果を、ある程度自由に、単位として認めてもいい時代ではないか、と思っています。

Q4 エクステンションセンターでの講座を学部の単位でということで、どのように認識していけばよいのか。また、学部のカリキュラムとエクステンションセンターでプロフェッショナルな形で提供している講座とを同じように取り入れる場合、試験対策としてのエクステンション講座を単位認定も含めて受け

入れる体制ができていません。しかしどちらからも歩み寄れば、可能性も広がるのではないでしょうか。

A4 2番目についてはおっしゃる通りだと思います。学部の授業のことで話がでましたので、事例を紹介しておきます。

現在、政策科学部と連携した講座を検討しています。政策科学部のカリキュラムは情報関係が充実していることもあり、2回生までに情報教育を受けた学生のために、エクステンションセンターでスキル、資格講座を開講して、そこで資格を取ってもらおう、というものです。データベーススキルや基本技術者などが該当するのではないかと思います。カリキュラム上はできていますので、あとはどのような形でスタートするかです。

各学部とは、副学部長の先生方と懇談を行っています。そこでの意見もふまえて、カリキュラムの相互乗り入れだとか、試験対策など、その時期等も考えながら広い意味での教学の仕組みを作っていきたいと思います。学生のためにやれる部分があれば、躊躇せず工夫すればいいと思っています。

Q5 授業は授業として重視したいと考える一方で、難関試験などは授業だけでは合格できないということもあります。エクステンション講座が何を目的において講座を開講するのかなど仕掛けの仕方や、必要性の認知など、学部には本音と建前の部分があって、結局、難しい授業をやって、学生から興味を失わさせてしまうということもあります。ここをどうするか、という課題について何か考えがありましたら教えてください。

A5 結論からいえば、大学の授業はもっとアウトソーシングしてもいいのではないかと思っています。語学やベーススキルの獲得、試験対策などは世の中にいっぱいプロがいるわけですから、その方々に任せて、先生たちにはそれらを活かしながら本当に教えなければならないことに力を注いでほしいと思っています。

エクステンションセンターの受講生の中には、常識的な漢字が書けない学生がいます。また、書く力も落ちている、本も読まない、トラブルを起こした学生に反省文を書かせると、文章と文章をつなぐために、平気で「なので、」と書く。学

生の実態を含め、どういう能力が欠けていて、それをどういう具合に伸ばす必要があるのかについて、学部でもっと議論をしてもらう必要があると思います。その上で、大学としてどんな科目や内容を教えなければならないのか、形態をどうするか等について、エクステンション講座を含めて考え実践する必要があるように思います。

　また、全体をもっとスリム化することも必要になるでしょう。受講生の中には、エクステンション講座は「課外授業」だから5時限目だと思っていたら、正課授業が5時限目に入っていて、受けられない。土曜日も正課があるから、受けられないということが実際に起きてきています。そのクレームは、エクステンションセンターが受けることになります。そういう意味でも、大学のコアとなる授業をきちんと整理する必要があると考えています。

　また、学生の書く力、読む力を含め、正課と課外でいっしょにやれる授業もないわけではありません。日本語の文章を読むだとか、論理力や判断・分析力等の基礎的な力の養成については、低回生のうちに身につけさせる必要があると思っています。ただ、エクステンションセンターの「課外教育」として実施する場合は受講料の問題が出てきますので、それらをエクステンションセンターが開講した場合、受講料を払ってまで講義を受けるかというと、なかなかそうはならないというジレンマがあります。そういう意味では、必修指定にして、在学中に一定の到達点をめざして必ず受けさせるシステムを作る必要があるだろうと思います。

　これも事例をあげますと、「旅行業講座」という資格講座の受講生の中には、地理を高校時代に履修していない学生がいます。JR新幹線など「上り」や「下り」といった表現を使いますが、その意味がわからないのですね。そういう学生もいるのです。また世界の地理の基礎的な知識が身についていない学生も見受けられます。そのため、資格講座のカリキュラムの中で、ある意味で、「リメディアル教育」として地理の基礎的な知識を修得してもらうための集中特訓授業をします。これは、旅行業講座という資格講座ですが、それに限らず、彼らが将来公務員試験の教養や、時事問題や面接などで苦労することは明らかです。資格講座だからということではなく、大学教育を内実化させるためにも、学生たちには前提となる基礎知識を修得してもらう必要があることを痛感しています。

　歴史や地理、高校時代に学んでるくるはずの数学の基礎、自然科学などある程

度の基礎知識は身につけておく、さらに、学んできていない学生については、大学できちんと身につけさせておかないと、試験対策はおろかいろいろな分野の学習がスムーズにいかなくなりますので、そういう学びもどこかでしっかりやる必要があるのではないでしょうか。それが正課なのか課外なのかは、考える必要があるかもしれませんが。

　付属校に関して付言しておきたいと思います。附属校では歴史などはあまり学ばないようで、そこから入学してくる学生で、センター試験を受けたことがない学生については、教養や一般知識の獲得が大変です。議論は得意ですが、試験勉強を苦手とするケースも目につきます。附属校出身者を難関分野に進出させたいと思ったときに、付属校でのプログラムのあり方、附属校生を対象としたプログラムのあり方など、大学との特別プログラムを作っていかないと、附属校生を核とした集団というものは、できていかないだろうと思います。今年も附属校出身者で国家Ⅰ種の合格者は1名です。そういうところも力を入れてやっていく必要性を感じています。

> **Q6**　難関分野の試験突破を目標にするなか、合格者をいかに出すかという数の問題と、また、倫理観なども問われている社会において、立命館としてどういう人材を育てていくのか、という両方の視点について聞かせてください。

A6　合格者をいかに出すかということについていえば、やはり「受験母体層」をいかにつくるかが大事だと思っています。少数精鋭で受かる層を作ることも大事なのですが、いかに受験母体層を作るかです。自分では実力がないと思っている学生もいるのです。立命館の学生は謙虚ですから。しかしそうではなくて、チャレンジする気持ちを高めさせて、受験母体を拡大していくこと、入ってきた学生の状況に応じたプログラムを作り、外部からの講師も含め力をつけさせることにつきると思います。ここのところそういう取組みが少しずつ大きくなってきたのではないかと思っています。

　また、政策的な視点から、目標の立て方、指標となる大学の設定や学ぶべき点の議論をしながら取り組むことも大切であると思っています。

　人格形成に関しては、非常に難しいと感じております。国家Ⅰ種を例にとりま

すと、官庁の人事の方が、立命館から来た受験生はすぐにわかるとおっしゃいました。皆紋切り型であると。エクステンションセンターで面接対策を付焼刃的に受けるのみではそこから広がらないのです。問題意識や視野が狭い。3回生時にエクステンションセンターが対策としてやるのは、テクニカルな部分でしかありませんから、限界があることは明らかです。

応用力がないということなのですが、それが、問われる瞬間にどうこなせるかなのですが、そこにこそ、正課や課外活動、アルバイト、ボランティアなどを含め、人格の形成や陶冶に資するプログラムを組み入れる必要があるのではないか、と思っています。

低回生からのリレー講義や講演会など、啓発的な講義も重要であると思っています。

> **Q7** エクステンションセンターのスローガンについて、また、職員の対応と専任、契約などの雇用形態の違いによる役割分担などについて教えてください。

A7 エクステンションセンターの基本的なスローガンは、「迅速、無条件、ていねい」です。これは開設当初に先輩の方々によってつくられ、受け継がれてきたものだと認識しています。学生が窓口に来れば、迅速に、無条件に、そしてていねいに対応するということで、専任であろうと派遣であろうと、契約であろうと、全員がそういう態度・姿勢で対応することを基本にしています。

もうひとつは、窓口での対応、問い合わせがどうであったのか、ということについては、決められたシートに対応者が記入し、全体で集約するようにしています。特に4月と5月、それから秋口、新入生や初学者が多い時期には必ずシートに記入をしてもらい、翌日に、こういう相談があったということを報告し合い、情報の共有化を図ったり、相談内容をまとめるとともに、専任会議で対応等の議論をしています。

専任職員のみならず、契約、派遣社員が入れかわり立ちかわり入ってくるなかでは、全員の水準を上げていくことが必要になると考えています。

そのような取組みの中で、専任職員が現場にマッチした企画立案をすることができると思っています。

> **Q8** 東京に寮をつくっての支援など、どのような展開で進めていくのかについて教えてください。

A8 東京の寮の開設についてですが、一つのアイデアとして出されたものと理解してください。国家公務員Ⅰ種試験の受験生は、最終合格をした後に霞ヶ関の志望省庁を訪問しますが、ある場合には、朝9時に面接に入って、夜中11時まで拘束されるケースがあります。いろいろな省庁を訪問しますので、それが1週間から2週間続くケースがあります。そうすると、ホテル代など宿泊費用だけでも20万円近くかかることになります。その学生たちが東京で安心して活動できる支援ができないか、という話のなかで、寮の話が出たという記憶があります。

第4章 立命館スポーツの到達点
―― アメリカンフットボール部・パンサーズの軌跡

平井英嗣

はじめに

　本章では、1966年、私が立命館大学でアメリカンフットボールと出会って夢中になり、当時、無敵を誇る関西学院大学にどうしても勝ちたいという思いから、1970年の卒業とともに母校のコーチとなり、夢を追い続けて35年、多くのコーチとともに日本一をめざして歩んできた立命館大学アメリカンフットボール部「パンサーズ」の歴史と、その経験の中から学んだことについて記す。

I　「甲子園ボウル」そして「ライスボウル」

　現在、ライスボウルは、毎年1月3日に東京ドームで行われ、社会人と学生のチャンピオンが日本一を競う大きな試合だ。ライスボウルの由来は、米国では大きな試合にしばしばその地方の特産品を冠したネーミングをすることから、60年前、日本でもこれに倣って、日本の特産である「米」から「ライスボウル」と命名した。「ボウル」は「球」のボールではなく、スタジアムの形を「容器」になぞらえて「ボウル」と呼んでいる。私が競技を始めた頃、日本一は阪神甲子園球場で行われる東西大学王者が戦う「甲子園ボウル」だった。学生たちはこの頂点をめざして訓練に励み、コーチもこの目標に向かって知恵を絞りあっていた。その後、社会人チームが次々誕生し、1984年から社会人と学生のチャンピオンが対戦する「ライスボウル」がそれまでの東西学生オールスター戦から「日本選手権」に衣替えして現在に至っている。

それでも、学生にとって「甲子園ボウル」は夢の舞台であり、私もこのフィールドに立って、勝者になることに憧れてフットボールを続けてきた。2004年度の記録によれば、大学チームは全国で加盟221チーム、9,915人となっている。他の大型集団球技と比較してチーム数は少ないが、以下で記すように、チームの総合的力量ひいては入学から卒業までの教育・指導や学内外の支援体制の組織化など大学の総合力が試される競技であることから、チャンピオンになることはそう簡単なことではなかった。

II　パンサーズの歴史

　パンサーズはこれまでどんな歴史をたどってきたのか。1990年以降の成績は常に高い水準を維持し、甲子園ボウルには5回出場して5戦負けなしである。特に2002年からは3年連続学生日本一、そのうち2回はライスボウルにおいても社会人チームを破り、2年連続日本一を達成した。しかし、その道程は平坦なものではなかった。

1　草創期の頃

　創部は1953年、関西学生連盟では5番目のチームとしての古い歴史を持つ。リーグ戦初戦の相手は関西学院大学、結果は132対0の記録的大敗、手厳しい洗礼であった。その後も100点ゲームを何度か経験し、連盟加盟校が6校になってもリーグ戦で1度も勝ち越すことなく、1959年から1965年までは1つの勝ち星も上げられなかった。毎年屈辱的な敗戦、それでもあきらめずに連盟に踏みとどまり戦った。部員不足の中、よく解散もせず持ちこたえたものだ。そんな先輩たちは、どのようにして組織と活動を維持してきたのだろうか。

　詳細な記録はないが、先輩諸氏の回想から少しは知ることができる。部員が20人弱であったことから、学年を越えて相互のコミュニケーションが豊かな上、戦後に生まれたチームであったため、封建的な学生間の厳しいしきたりなどが少なかったことも良い方に影響していた。また、部員集めの苦労もあり全員参加の比較的民主的な運営がなされていた。精神的には、毎度の大

敗の悔しさやメンバーの少ない試合での苦しさを共有し、雪辱に燃えて相手を強く意識していたことがチームの結束を維持してきたようだ。しかし、去る者は追わずの考え方から退部者も多く、チームの体制を維持するのがやっとの部員数だった。私が入部した1966年は、例年になく多くの新入生が入部したが、4年後にはほとんどが去り、最後まで残ったのはわずか3分の1の6人だった。また、リーグ戦では同志社大学に初勝利し、盛り上がりを見せた年だった。この頃、大学は全国的な学園紛争の渦に巻き込まれ、立命館も例外ではなかった。体育会全体が火の消えたようになり、部員数を減少させると同時に、次々と第一線の桧舞台から消えていった。

2 二部リーグ時代を越えて

　1970年、関西学生連盟で二部リーグ制が始まると、私たちはリーグ戦を全敗して真っ先に二部に降格する。卒業後、私はコーチになった。私たちがコーチをすれば必ずチームは強くなると意気込んでスタートした年だった。私と同期の仲間は学外で仕事を持ちながら、週末を中心にグラウンドに駆けつけ指導していた。有給休暇と土日、祝祭日のほとんどはグラウンドに出かけてコーチングに費やした。この頃のコーチングは、指導者というよりも選手のように勝敗にこだわりすぎたもので、学生の肉体の発達や心を理解した組織づくりの観点が欠けていた。一日も早く一部リーグに復帰したいと思い、時間的にも内容的にも厳しい練習をしたが、勝利に結びつける戦略や戦術等ソフト面の整備は立ち遅れていた。

　特に学生スポーツでは、グラウンドの直接的指導と同時に、大学の教学政策の動向や学生気質の変化にも対応した、学生生活全般を視野に入れた冷静で計画的なコーチングが必要とされる。このことに、もっと早く気づいていたら目標達成ももっと早くできていたかもしれない。部員も少なく、二部リーグでも苦戦は続いた。スポーツ推薦入学によるチーム補強をした新規加盟校もあって、容易に入替戦に進めない年もあった。毎年チャレンジと挫折を繰り返しながらも、貴重な敗戦や失敗体験、他大学の優れたコーチの助言、体育指導書や米国の戦略・戦術解説書等を参考にして一歩ずつコーチングを

学んでいった。1977年頃からチームは大学入学以前にアメリカンフットボールをしていた経験者の加入もあって、次第に部員数も増加し着実に力をつけてくる。そして、1979年、ついに9年ぶりに一部リーグ復帰を果たした。

3　不安定な日々

　一部リーグに復帰したものの、チーム力は安定せず1982年には再び二部リーグに降格する。その原因はそれまでの部員不足や知識不足、施設整備の問題ではなく、コーチと選手の基本的な信頼関係のゆらぎだった。それは、コーチの指導方針や指示に対する反発や無視が見えないところで発生し、上級生の気ままな練習という形で現れていた。しかし、週末が中心のコーチングでは双方の意見の食い違いは表面化せず、私たちはそのことに気づくことができなかった。こうした上級生、幹部のコーチへの対応は下級生にも大きな影響を与え、チーム全体の結束は深部で崩壊していた。この失敗を契機に、風通しのよい組織を目指し、部員とよく話し合うことに留意した。

　誠実な4回生に恵まれたおかげもあり、翌年再度一部復帰を果たした。チームの規模はすでに70人を超す部員数となっていた。組織の大型化・肥大化が進んだ一方で、意思の伝達や意思統一を図る組織化やシステムが未整備で、コーチの考えや方針は理解されなくなってきていた。大型化したチームにとって、週に2、3度のコーチングでは上位チームを倒す戦力を養成する高度な知識や技術の指導・訓練も不足し、学生とのコミュニケーションもとりにくくなってきた。ウィークエンドコーチは限界にきていた。コーチへの求心力やチームの結束力を強化するために、グラウンド練習以外にも学生との緊密なコミュニケーションをいかに築くかということはどうしても克服しなければならない課題であった。しかし、強力なOB会や後援会など大きな組織力や財源を持たなかった私たちが、独自でこれを解決するには重い課題だった。

4　学園スポーツ政策の展開

　パンサーズにとって幸運だったのは、大きな課題に直面し始めた1983年、立命館大学のスポーツ振興政策が策定され、トップを目指す体育会の強化が

開始され、アメリカンフットボールもその一つとして指名されたことであった。当時、アメリカンフットボール界では京都大学が力をつけて日本一を目指していた。心・技・体の充実とともに、質の高い頭脳が要求されるスポーツとして全国から注目を浴びていた。

そこで1984年、立命館大学はスポーツ強化策としてアメリカンフットボール部に専任のコーチを配置した。これにより日常的な部員に対する指導が可能となり、チームの自滅的崩壊という危機的状況は回避できた。このとき配置された岡本コーチ（現、立命館大学経営学部教授）はアメリカンフットボールの経験者ではなかったが、スポーツ科学の専門家だった。コーチングの中心は基礎体力の強化や科学的トレーニングや練習システムの改善に加えて、節度ある日常生活、授業への出席、規律ある行動など、スポーツに求められる人格的資質養成に力が注がれた。競技力強化に向けたコーチングの基礎である、部員の正しい学びの姿勢をつくることを目指した。私たちの文武両道のチームづくりの実践も、ここから本格的にスタートした。

それでも、部員に対するコーチの数はあまりにも少なく、コーチ不足を補うため学生トレーナー制度やアナライジング・スタッフの専門化等の機能別組織化やパートリーダー制といった自主的な管理システムを取り入れた。民主的な運営、風通しのよい組織、封建的な古い体質を持ち込まない組織を追求し、部員間に縦横に組み合わされた意思統一システムが形成されていった。

1987年には、スポーツ選抜入試制度が始まり、高い能力を持つアスリートの獲得ができるようになり、選手層も厚くなって戦力も充実し始めた。また、専門コーチの配置も増強され、私自身が学園職員として採用されることとなり、指導体制の整備も大きく進められた。

5　本拠地移転

1990年、リーグ戦で関西学院、京都大学を破り優勝に手の届くチームとして注目され、初優勝の期待は大きく膨らんだ。その勢いを示すように部員は毎年のように増加し、200人に達するまでなった。そうなると、練習施設の不足が深刻化する。サッカー、ラグビー、アメリカンフットボールで場所を分

け合って練習していたが、他のクラブも100人近くの部員となってきたため、1980年代後半からは一度に全員が練習できなくなり、チームを分割して別々に練習することもあった。試合と同じ広さで練習できる環境づくりが愁眉の課題となっていた。

　1994年、理工学部の拡充移転に伴う「びわこ・くさつキャンパス(BKC)」が開設されると、チームの本拠地を衣笠キャンパスからBKCに移転することを学園から提案される。練習場のスペース問題は解消し、施設・設備は大幅に改善されるが、衣笠キャンパスに在籍する90％以上の部員は、授業を済ませてからBKCへ練習に出かけることになる。移動時間や交通費等の負担は大きくなる。部員とコーチ、OB会、学生部が何度も説明会や会議を開き多くの議論の結果、部員は飛躍のために必要とする施設環境を選択し、移転を決断した。

　当初、部室もミーティングルームもなかったので、急遽プレハブ施設を整備してもらい、大きな試合のできる学園最初の天然芝グラウンド「クインススタジアム」もできあがった。キャンパス生活環境の未整備なところは、地域の方々や草津商工会の皆さんに助けてもらったし、マネージャーたちも閉店後の生協食堂の厨房で、選手のために配膳と食器洗いに夜遅くまでがんばった。クラブは、大きな危機感の中で必死になって取り組んだ。この年、最強といわれた京都大学に対して、小刻みな得点と鉄壁の守備で勝利し、関西学院には劇的な逆転勝利を得て、初優勝を手にすることができた。そして、甲子園ボウルを制覇し、初の学生日本一を手にした。

6　新たな課題に向かって

　この優勝は、パンサーズの歴史を変えた。新たな甲子園への参入者に対する強豪チームの容赦ない攻勢は、私たちのチームづくりに更なるレベルアップの要求を突きつけた。連覇を目指した私たちに、3年間続けて京都大学と関西学院が立ちはだかった。次々変化する新しい技術や作戦、先進的なトレーニング方法や体格の向上など、多面的、総合的な準備をすることが重要だと教えられた。停滞は危機につながる。シーズンオフにコーチは米国の大学

に視察に行き、あらゆる最先端を学びに行くようになった。1998年、スタンフォード大学との交流で生まれた関係から、米国人コーチと一緒に1年間のチームづくりをすることとなった。これは、米国で通常行われている年間スケジュールに沿ったチームづくりと効率的な練習方法、負傷を避ける工夫などコーチングに関する新しい感覚、発想に革新をもたらした。もう一つこの年は、経済・経営両学部がBKCに移転し、部員のキャンパスライフは一変した。長時間移動は解消し、オンキャンパスでの授業と練習が可能になって部員の動きはさらに活発化する。練習のほかにも、ウエイトトレーニングやミーティングにも十分な時間が取れるようになった。こうして、4年ぶりに2度目の「学生日本一」を達成することができた。

7　次の飛躍へ

　学生日本一は達成したが、ライスボウルでは社会人に完敗した。この敗北は、体力的にも技術的にも劣っていることを思い知らされる結果だった。真の日本一になるには、さらに高いレベルの知識、技術、体力、精神が必要であると考え、私たちはこれまでモデルとしてきた日本の既存の大学チームの類似的チームづくりから、独自のコーチングによる立命館オリジナルのチームを創り出そうと発想を転換する。私たちのコーチする学生の気質や選手の才能、大学の教学方針とスポーツ政策、施設設備の整備状況を考えて、それらの強みを生かしたコーチングを目指した。強力な常勝チーム、自信と誇りを備えたリッツ・パンサーズをつくり上げるためには、体質を改善し弱点を克服することが必要であり、特に攻撃力強化は緊急の課題であった。知らないことを知ることを目指して、1年を通した米国のチームづくりのプログラムを学ぶこととなった。

　こうして、2000年に橋詰コーチがオクラハマ大学「スーナーズ (Sooners)」に出かけ、全米が注目する最先端のコーチング理論や指導手法、最高のアスリートとその技術を学習して帰国した。一新されたパンサーズの攻撃力は飛躍的に向上し、古橋ヘッドコーチの強力ディフェンスの下に圧倒的な力を示して2002年、2003年と「甲子園ボウル」、「ライスボウル」を連覇、2年連続で

日本の頂点に輝いた。2004年にも「甲子園ボウル」に優勝し、3年連続で学生王座に君臨する強豪チームに成長した。この成果が「文武両道」を追求するチーム方針の中で達成されたことが素晴らしいことであり、立命館スポーツの目指す課外活動のひとつの到達点であると考える。

Ⅲ　チームづくりは人づくりの基本方針

　強固な組織、強力なチームづくりを進めていく上で、活動の基本方針を明確にすることが重要である。方針を明確に示すことで、部員は4年間をどう過ごすのかを考えることができる。現在、チームは3つの基本方針にしたがって活動を続けている。

　第一は、「立命館学園を代表する、誇りあるチームづくり」。これは、チームに所属するすべての部員とその関係者の活動内容が、学園の誇りを形成する営みであるという考え方である。練習や競技を通じて、クラスや教室、学生としての私的な空間、キャンパス内外の学生生活全般において、学生や教職員から支持される活動を目指すことである。

　第二は、「人格形成」だ。競技力の向上には、個々の発達とともにチーム力の充実・強化に向けた指導が重要であるのは言うまでもない。その成長過程において、仲間とのコミュニケーション、部員同士の学び合い教え合い、コーチからの学習と連携、自発的な発達への意欲を生み出す自己啓発力、組織人としての協調性など人間が社会で生きていくために必要な能力を育成することができるのである。

　第三は、「頂点を極める」ことである。リーグ戦やトーナメントに参加したからには、その頂点に向かって進むことは言うまでもない。目標はチャンピオンである。競争を勝ち抜き、優勝することはいかなる競技においても簡単なことではない。特に、高いレベルにある関西学生連盟において優勝することはきわめて高い目標である。難関に挑戦し、トップとなるための厳しい訓練、工夫や努力、集中力と忍耐が必要となる。こうした営みは学生にとって貴重な経験となり、自発的な活動と目標を達成した喜びは個人の成長にも大

きく影響する。こうした付加価値を創造するコーチングが求められる。コーチにとっても、日本一になることは自分たちの理論と方法の正しさを証明することになる。また、コーチは教職員やクラスメート・地域の人々に応援に来てもらえるチームになろうと部員に呼びかけている。学園の構成員やそれを取り巻く多くの人々に、活動を理解してもらえるように指導している。

　私たちがこのような基本方針を明確にしてコーチングするのは、課外スポーツ活動の意義について部員とコーチが共通認識を深め、それが学生スポーツの正しいあり方だと確信することが力につながるからである。意思統一は強いチームづくりの基本である。コーチは、学生の理解にもとづいた積極的な自発的行動を引き出す重要な役割を担っている。

IV　人材確保が勝利への道

1　素人集団の人集め

　チームづくりにおいては、環境や施設設備の整備と選手の質と量を確保する手立てができこそ、安定して高い成績を残すことができる。今ではリクルートは制度化されている。それ以前、コーチの仕事はキャンパスを歩く新入生の中から体格の優れた学生を勧誘して入部させ、初心者にルールや基礎的技術を教え、チームプレーを訓練して競技ができるようになるまで、辞めさせず育てるのが仕事だった。当時のリクルートは、部員による熱心な新入生勧誘活動が唯一の手段だった。コーチは部員たちに勧誘マニュアルを配布し、声かけ目標を与えた。部員はそれぞれキャンパス中を駆け回り、健康診断の列やガイダンスの教室に張り付いて盛んに新入生を口説いた。リストにある新入生への電話かけ、下宿訪問、食事への誘いなど様々な方法で仲間を増やす努力をした。コーチは夕方になるとリクルート責任者に電話をしたり会ったりして、有望新人の情報を聞いて喜んだり焦ったり、リクルート作戦について話し合ったのを思い出す。この伝統的なリクルート手法はスポーツ選抜制度発足以後も継承され、優れたアスリートの発掘に効果を発揮している。

2　広いフィールドからのリクルート

　スポーツ選抜制度によるリクルートは、選抜対象者をアメリカンフットボール選手だけでなく、あらゆる競技に広げることを可能としている。これは、リクルート対象となる高校生の競技人口が少ないことによる。他の競技に比べて、対象者の層は底辺が小さい逆三角形となっている。小学生、中学生、高校生チームが少ないから、高い運動能力を持った選手を集めることは容易ではない。広いフィールドから体格や運動基礎能力の高い人材を選抜し、コーチングによって技術水準を引き上げる方式が、競技力強化にとって最適であると考えた。私たちが、創部以来アメリカンフットボール初心者の指導を続けてきたこと、蓄積されたコーチングノウハウへの自信と育成経験が、このリクルート方式によるチーム強化の成功につながっている。

3　中高大一貫政策

　強豪関西学院は選手・スタッフの中高大一貫養成を古くから続けて、強さの基礎を強固なものにしている。私たち立命館にとっても、付属校出身者の存在は大きい。1994年に立命館宇治高等学校がスタート、高等学校の理解と学園の支援を得て付属校チームが発足、続いて立命館慶祥高等学校にもチームができた。両校の監督・コーチに、導入期における指導はスポーツの面白さや喜びに重点を置いたチームづくりを要請した。立命館宇治高校は日本でもトップクラスのチームになり、立命館慶祥高校からも高い能力の選手が出て、大学チームの好成績の一端を担っている。最近では、2003年に立命館宇治中学校にチームができた。2005年度の中学選手権では伝統の関西学院中等部に勝利し、大学のチームとともに「甲子園ボウル」出場が決まり、兄弟優勝を目指す。

　一般学生の勧誘、スポーツ選抜制度の充実、付属中高の選手づくりもようやく軌道に乗り始めた。40年前、憧れ夢見ていた中高大一環のチームづくりが実現しつつある。

V　部員の定着と活性化

　競技の特性から部員数と勝敗は大きく関係しており、コーチの役割は入部してきた部員の高い技術や知識、体力を指導・養成すると同時に、部員を卒業まで活動させ続けることも重要な仕事だ。私は当初スポーツ選抜で入学した学生は、一般勧誘で入ってきた学生と違い、一生懸命スポーツに取り組みリーダーになるものと信じていた。競技生活を辞めることなどないと考えていた。しかし、結果は少し違っていた。どのような入学方式であろうと、学生は希望に燃えて入部してくるが、指導体制、環境が整っていなければ、動機づけは低下し、気持ちは途中で萎んでしまうものである。高校でのスポーツ環境と大学の環境はまったく違う。大学では自発性と自律が求められる。

　また、私たちは学業についても適切な単位取得を求めている。それまで、競技成績だけに心を奪われていた学生は戸惑いを覚える。周りと異なる自分に孤独感が芽生えることもある。大学生活で精神的にだめだと思った瞬間、スポーツにも学問にも意欲を失い、大学へ行くことが嫌になり、学生生活全般が成り立たなくなる。コーチは、希望に満ち活気溢れる学生に対して、どのようなコーチングが必要か考えて計画し、実行して目標を達成させるのが仕事である。人集めが重要な要素であった頃、退部しようとする学生と何度も話し合ってその考えをよく聴いたものだ。多くある理由の一つは、勉強する時間が少ないということである。試験前などに時間のやりくりに苦労するらしい。そこで、授業と勉強時間を保証することを考えた。練習開始時間を繰り下げたり、シーズンオフを明確にしたりした。次に経済問題、以前はこの原因がほとんどだった。親の経済的負担を軽減するためアルバイトがしたい。チームにいるとそれができないという理由だ。今ではこうした学生への公的支援策もできてきているが、チーム単独では解決しえない問題でもある。現在はOB会の協力も得て、特別な学生については費用の猶予など独自の支援を行ったりしている。そのため、合理的で節度ある会計管理をするのもコーチの仕事だ。

　その他、退部の理由としてアメリカンフットボールに興味がなくなった、

もっと違うことがしたくなったというものも多い。興味がなくなったのは仕方がないことだが、その原因についてコーチは注意を払う必要がある。部の運営方法やコーチングについて反省してみることがないか考えることが必要だ。疑問や改善を求める意見を言えない、またコーチに指示されるだけで説明してもらえない、これらはやる気に影響を与えるものである。こういう人間関係に起因する問題は、コーチと選手間の場合もあるが、部員同士のこともある。部内の人間関係に問題があるかないかは、よく観察しないと気づかない。私は仲間から昔話をよく聞くのだが、どこの大学も体育会では4回生が下級生を召使いのように扱い、このことが退部の原因にもなり、まれには経済的な問題にもつながる。私たちはこうしたことに十分注意を払わなければならない。コーチの見えない部分で高校時代からの不適切な風習を大学に持ち込むこともある。ある学校では、上級生が下級生に私的な洗濯や用事までやらせるという。そういう状態では、一般的な社会観を持つ学生たちは絶対についてこない。

　さらに、コーチの指導方針への疑問や不満が多いケースがある。表面化しているものには対処できるが、見えないものは解決が難しい。疑問や不満の意見が言えない組織があるとすれば、危険である。最悪の場合、OBや父母たちを巻き込んだ造反劇となる。こうなるとチームは崩壊だ。取り返すのに何年もかかる。コーチは基本的に部員からの疑問に答え、意見に耳を傾けることを基本とする。また、方針についてはコーチング・スタッフ全員の統一した見解に基づいて、明確に対応することが学生との信頼関係を築くことになる。練習について言えば、この練習は何を意図して、どんな力がつくのか、その根拠やデータを説明することによって動機づけを高めることができる。選手起用の場合、なぜ出場者リスト（デプスチャート）の上位から外されたのかを疑問に持つ者がいたなら、ヘッドコーチとポジションコーチは、明確に論理的説明をする。デプスチャートをコーチが感情的に決めることはない。過去十分な説明ができず何人かの学生が辞めた時代もあった。私たちが歴史的経験から学び成長した結果、ていねいなコーチングに変化してきたのである。

　就職への不安も部員にとって大きな問題だ。就職活動時期は授業とともに

練習やチームミーティングと重なり合うため、就職活動が自由にできない。部員は就職活動に専念してポジションを失うことも不安なのである。こうした不安に対処するため教職員の方々に協力をお願いして個別の企画や相談を調整することもコーチの仕事だ。このように、部員が安心して部活動に取り組める環境を整えるオーガナイザー、思いきって何かに挑戦する冒険心や活気を引き出すモチベーターとしての力量も、コーチに求められる。

VI　選手の自信とコーチ

　部員の自発的成長に欠かせないものとして、選手自身がコーチから高度な指導や最適の助言を得ていると確信することが挙げられる。相手のチームより低いレベルの指導を受けていると感じたら、学生の自信は低いものとなる。恥ずかしい話だが、私たちが必死に関西学生リーグ優勝を目指して関西学院大学、京都大学に挑戦していた1990年前後は、コーチたちがいくら自信を持って技術を教え戦略・戦術を指導しても、チームは自分たちの教えられる技術や知識は一流でないと不安になり、自ら自信をなくし本当に勝てなくなっていた。多くの訓練を重ねても、試合の競り合った場面で競争相手の方が優れているのではないかという疑問や不安が生まれてくると、結果もそのようになることが多い。私たちの過去の成績や歴史を見ると、学生の心の底にあるこうした問題を払拭することが大きな課題だった。1994年、私たちはリーグ戦の劣勢を跳ね返して遂に「学生日本一」を勝ち取ったのだが、今振り返ると、部員たちの工夫と努力がコーチングを超えたパワーを発揮し、過去のトラウマを跳ね返す精神的体力が向上した結果だった。この勝利により、チーム全体が自らの取り組みを確信し自信を持つことができた。40年かけてやっと精神的な重圧を跳ね返すことができた。高度に分業化されたアメリカンフットボールのコーチングはコーチが個々に広範な深い知識を持ち、スペシャリストとして信頼されると同時にコーチング・スタッフは相互に良好な協力関係を築き、全体として高度な指導力を発揮することで部員はコーチを信頼し自信に結びつけることができる。それが、選手に強い意志と創造的活動を

生み出し、未知の壁を乗り越える大きな原動力となる。

VII 文武両道をめざす取組み

　部員を増やし、意欲を持たせ、成長させる上において、チームには３つの基本方針と活動の芯となる理念が必要だった。私たちはそれを、文武両道とした。本格的なチームづくりが始まった頃、1985年前後からクラスの仲間に応援に来てもらえるチームづくりが具体的なスローガンだった。部員は教室に出かけて一般の学生とともに学び、先生にも自分の課外活動の取り組みを知ってもらう。できるだけ多くの人に応援にきてもらって、フィールドで自分の活躍を見てもらう。これはファン・ディベロップメントでもあった。体格のいい普通の学生が一生懸命スポーツに取り組んでいることがポイントである。小集団クラス・授業優先と教職員の方々への感謝と誠実さをスローガンにした。しかし、もちろん全てが順調に進むはずもない。授業への低出席率、学部事務室での窓口トラブル、取得単位僅少者、学生部における生活指導も受けた。学外でも対応しなければならない問題も多い。学生の指導に関わる問題は、時代が変わっても永遠の課題ではないだろうか。

　諸問題の処理について、コーチは学生の成長の観点から適切な処理をしていかなければならない。そのため、数年前、日常の心構え、活動の目的や目標、してはならないこと、問題が生じた場合の処理などについて文書化し学生に示した。それまでは、ことあるごとに言葉で部員に言い続けてきたが、継承性が薄いと考え作ってみたものであった。しかし、コーチとの意見交換では、過大な要求はかえって規則が形骸化するのではないかとの意見も出て修正した。その中には、「学生はシーズン中に酒を飲むな」を「シーズン中に酒場に出入りするな」と変更したものもあり、笑い話のようなやり取りを思い出す。こうして、「やってほしいこと」「やってはならないこと」も文書化した。立命館のアカデミック・アスリートとしてどのように学生生活を過ごすのか、これに反した場合、どのような責任をとる必要が生まれるのかを明確にしてあり、新入部員には分かりやすい指針になったと思われる。また、学

生に対する問題処理や公平な指導をしていくという面で、コーチの判断基準を統一する観点からも必要だった。文武両道を目指す課外活動を支援していく上で、困難を示している学生にはケアが必要だ。コーチはクラス活動へは優先的に出席するよう指導している。部活動と競合し、チームを優先する場合も先生方にていねいに説明するようにしている。授業時間を補償するため、練習開始時間はほとんどの学生が授業を済ました5時半頃だ。それでも授業のある学生はそれを終えてから練習に参加する。コーチは練習時間が減っても授業優先を当然のこととして対応する。学問優先のこうした心構えが、大学におけるコーチングには不可欠だ。

VIII　精神的健康への注意

　学問の進展に対するケアについて書いたが、練習意欲を維持し新たな情熱を生み出す方法として、学生には精神的シーズンオフを持たせるようにしている。専門トレーナーの意見を取り入れ、鍛えながらも精神的リラックスを促す心のシーズンオフを設定して、本格的なシーズンに高いモラールが維持できるよう心がけている。精神的に健全な状態を維持する「期分け」のチームづくりがよく考えられている。日常の学生間では、気持ちよく会話ができる風通しのよい組織になっていることも重要だ。上級生と下級生が相談しやすい環境やシステム、コーチに何でも気軽に質問できる雰囲気が保たれている。それは、コーチのていねいな指導につながる。先輩は下級生に分かるように説明できる知識や理論、技術を持っている必要があり、コーチは高度なコーチングを受けたいという学生の強い要求に応えられる力をもたなければならない。風通しのよい組織は、教える側と指導する側の自己啓発につながる好循環を生み出している。

IX　コーチの自己研鑽

　部員の要求に応えるために、コーチは積み重ねた個々の様々な経験の上に、

さらに自己研鑽を求めてしばしば米国の大学に研修に出かける。また、有能なプロ・コーチを日本に招待して、最先端の戦術やコーチングの手法を学んでいる。本場から学ぶことは約20年前、大学のある先生の紹介でピッツバーグ大学のアメリカンフットボールチーム「パンサーズ」を訪問したのが最初だ。その時のインパクトは大きかった。10センチくらいの分厚いプレーブック（マニュアル）を初めて見た。冒頭「何のために、あなたはフットボールをやるのか？」というスポーツやチームに対する理念から始まり、一般社会でのマナーやルール、プレーに使用する言葉の解説、基礎技術、各々のチームプレーの指導、対戦相手の動きに対するリアクションの手順、右に行った時はどうする、左に来た時はどうするとか、このポジションの責任はどこでその選手は誰の動きを見てどのように対処するのかなどが詳しく書いてある。その他にも、部員に対して、大学内で学生として果たすべき義務や責任も書かれている。それを見たとき、競争相手の先進的チームはすでにこれだけ高いレベルの知識をもとにチームづくりをしていることを知り、私たちは自分たちの遅れを感じたものだ。私たちにこのレベルの教育と指導が可能になれば、私たちも部員も自信とプライドを持って戦うことができると思った。こうして、米国を模倣する形で私たちの戦力強化が進み始めた。また、アカデミック・アスリートとして高いレベルの学生づくりを強く意識するきっかけにもなった。

　その後、何人かのコーチが国際異文化交流プログラムでオクラハマ大学に出かけたことから、同大学との関係も始まる。その他、関西学生連盟で招待したコーチたちとも交流が始まり、毎年米国の強豪校に出かけて本場のコーチから指導を受けている。当初、私たちは安いチケットやホテルを自前で手配して渡米していたが、今では大学のスポーツ強化支援の一環として、全面的な援助を受けることが可能となったおかげで、高度なコーチングが実現している。毎年のように本場のプロ・コーチが様々な工夫と実験を試みて斬新なアイディアを見せてくれる。関西学生リーグは、思考が停滞すれば瞬く間に相手に先を越されてしまう競争時代にあるため、米国での研修は重要だ。

X　その他の人的インフラ整備

　チームが強くなるには、選手やコーチの充実だけでなく、施設条件やキャンパス環境が大きく関係していることについて説明したが、その他にも、OB会や後援会、メディカルスタッフや地域サポーター、学生内部の組織管理システムなどバックアップ組織の基盤整備もピラミッドの基礎を支える重要な要素だ。そのことを、コーチは意識的に主体的に整備を進める必要がある。この充実がないと、チームは強くなれない。ハード部分の整備とは違って、地道な継続的取り組みが必要である。チームづくりの高度化を進めるには用具や消耗品、人材集めなどの費用が必要となる。部費と大学からの資金援助のほかにも別の資金集めの対策がいる。そのためには、OB会や後援会の支援は最も頼りとするところだ。しかし、私がコーチを始めた頃は二部リーグ時代で、試合を見に来る人もなく、チーム関係者だけでOBも集まらない。しかしながらこのような状況の中でも協力し援助してくれるOBもいた。こうしたOBを核として、少しずつ卒業生の輪をつないできた。

　有力スポンサーになるOBも出てこなかったことから、組織化はゆっくりとしか進まなかった。そのため、パンサーズOB会にはいわゆる派閥やグループなどはできなかった。だから、チームの指導に対して外部から口をはさむ人もない。今でも、OB会は資金や人材の協力はするが、チーム運営やコーチングに介入しないのが無言のルールになっている。また、父母の協力も有力な方法だが、コーチングについて不必要なトラブルは避けたいと思った。その結果、全ての支援者は後援会に結集してサポートをお願いしている。あえて特別な有力後援者に頼らない方針を貫いてきたことが、OB会、後援会から独立したチーム運営を可能にしている。地域への働きかけでは、草津市に移転して、新天地で新たな人々との出会いが広がり、チームドクターやトレーナー、ボランティアで協力してもらえる方々に出会えた。

　地域の小学生や街の活性化を進める人たちからの応援は、学生の活動に活気を与えた。試合ではドクターやトレーナーのサポートが大きな力になる。コーチや選手にとって、医師の判断は安心感を与え戦う気力を生み出す。ほ

とんどの皆さんがボランティアで支援してくれている。私たちとその方々の信頼関係がなければ、チームは成り立たない。これらは時間をかけた人間関係から創り上げられるものだ。チームの理念に対する取り組みと、普段の付き合い方が重要になる。

　教職員からのサポートについても同様である。私たちの活動は、大学における課外活動での人材養成であるというチームポリシーを追求することだ。学業や就職への助言など、特別なサポートを受けるためには、コーチが大学教育を念頭においた教育的な立場から部員をコーチングをすることが必要だ。

XI　縁の下の力持ち・学生スタッフの活躍

　コーチは、選手以外の部員である戦術分析スタッフやトレーナー、マネージャーによって成り立っていることをよく認識してチーム運営を考えなければならない。

1　アナライジングスタッフ

　コーチは試合ごとに、毎週作戦や分析結果を分厚いノートにして選手に配布する。基礎データの収集・分析、ビデオ編集、資料の印刷もある。1試合は約2時間、攻守120プレーある。これを1プレーごとに10項目程度のデータをパソコンに入力する。全ての作業時間は1試合で約12時間になる。試合後できるだけ早く作業を終了し、ミーティングに間に合わせる。シーズン終盤になると時間が急がれ、スタッフ全員が手分けして一斉に処理しても徹夜になるため、マンパワーが絶対に必要となる。シーズンは長丁場で自発的に精力的に仕事をやりきる意欲と力が必要だ。スタッフの技術や知識は、新入生のときから組織的・計画的に技量を部員同士で育て合い、継承している。全員で合理的で効率的に仕事を進める方法も各自考えている。

2　トレーナー

　トレーナーは試合や練習の2時間前から練習の準備をし、最後は選手が帰

った後でトレーニングルームを引き上げる。試合中は選手のコンディションに気を配り、練習中は故障者リハビリテーションプログラムを実行する。早期復帰には欠かせない仕事だ。この間、コーチは安心してチームプレーの指導に専念できる。

3　マネージャー

　マネージャーはOB会、後援会、部員、大学、学生連盟や父母に対する連絡や広報、会計管理・経理処理、試合に関するチーム統括など広範囲な仕事をしている。このバックアップ体制が、チームの日本一を支えている。マネージャーが仕事に対する意欲を維持し、強い動機を持ち続けるのは、チームに誇りを持てるからだ。言動、取り組み態度が誠実で信頼できる選手をサポートすることが学生スタッフの意欲を奮い立たせている。自己実現が仲間の自己実現に結びつく高い目標であることを、お互い認識しておくべきだ。

XII　スチューデント・アスリート

　チームの中における積極的なサポートを生み出すためにも、アカデミック・アスリートを目指すことは重要だ。仲間から信頼され尊敬される人間がチャンピオンになる。大学のスポーツではこの目標を達成すべきだ。コーチは学生を育てる重責を担っている。「学びと成長を支援するコーチング」が、コーチのミッションだ。正課の重要性を認識して課外活動の指導を進めないと、ピラミッドは土台から崩壊し消えてしまう。
　コーチは競技能力を高めるために努力しているが、その仕事を通して部員に付加価値を生み出す工夫をしたい。私たちは部員の自主的で自律的な組織運営の中で、社会的な能力が育つと考えている。結果的には学生の科学的分析力、論理的思考、自己啓発力、個性の発揮、協調性、コミュニケーション能力、対人能力等の人間力を養成していると思っている。それはチーム内で行われる意見交換や議論から生まれてきている。チーム内でコーチや上級生の発言を受け下級生が全員「はい、はい」と言っているだけの時代はもう終

わった。学生がディスカッションできる、そういうミーティングを期待している。

　アメリカンフットボールに会話は欠かせない。チームの組織運営についてもそうだ。例えば、チームのリーダー選出で、選手を諦めて役職を引き受けなければならない場合の議論は重い。何日もかけて部員同士が話し合い、そうした真剣な議論が学生を磨く。また、学生生活の中ではネガティブな諸問題も発生する。個人の問題にとどまらず、チームの問題として議論する。何が原因で起こったのか、その背景まで深く考え、どう改善していくのかといったことを自分自身だけではなく、チーム全体として受け止め突き詰めていく。時には長時間を費やす場合もある。コーチはできるだけ部員同士で議論させて、学生のリーダーシップ、表現力、問題を追求する力を育てるようにしている。勝敗を巡っても議論は起こる。チームや個人に何が足りなかったのか、自己認識や課題について頻繁に話し合う。自然なチームの営みの中でスチューデント・アスリートが育っていく。

　それとは別に競技とは何の関係もないが、視野を広げる意味とコーチの人柄を知る意味で、各コーチに職業経験や人生観、教訓などを話してもらう機会をつくる。その他、自己分析や性格分析を行うため専門家に来てもらっている。ドクターにはサプリメントと成長のメカニズム、副作用など科学的に教えてもらったこともあった。シーズンオフの間に、学生がいろいろなことを知ることの喜びに気づくことは、競技力の向上にも良い影響を与えると思った。何よりも、チームワークや目標達成の成功体験が学生の成長を促す。勝利した成功体験はさらに高いモチベーションにつながる。スチューデント・アスリートを養成するために、勝利への真摯な取り組みと貴重な生活体験を創造するコーチの役割の重さを痛感する。

XIII　米国人コーチに学ぶ

　前述したが、1998年は米国人コーチのニール・カズマイヤーザックがスタンフォード大学からやって来て、4年ぶりに学生日本一を達成した。彼は私

より20歳若かったが、専門的職業コーチだ。ビジネスライクでコーチングを考える。それは、私の考え方をずいぶん変えてくれた。

　職業としてコーチを考えて見ると、コーチが元気に働いてくれる環境づくりが重要だと分かった。年間計画を作成し、休日や毎日のスケジュールを定め日程を安定させることで、コーチの家庭や家族の生活が落ち着く。不規則な日が多いコーチには、このような配慮が必要だ。スタンフォード大学のコーチングは教育を重視するため、練習やその他、時間管理は厳格だった。分刻みのスケジュールで迅速に進めていく。また、練習では、明らかな危険を避けることも、激しい練習が当然の私にはカルチャーショックだった。部員に対するトラブルの処理では、判断の公平性や根拠について強く主張した。ある選手が練習中に仲間を故意に負傷させるラフプレーをした。見ていた学生や当該者たちは、彼がチームメイトに暴力をふるったと言う。これは許せない。何らかの処分が必要となった。彼のポジション担当はニールだった。彼は、仲間の証言は好き嫌いの感情が入るので証拠にならないと主張。何を証拠に判断するのか。選手に罰を与える基準は何に依拠するのか、適用の公平性など様々な観点で話し合った。最終的に練習のビデオを見てから判断することとなったが、その直前で場面が切り替わり結局決定的なシーンは見られず、当該の学生への注意ということにとどまった。また、ある負傷者を練習に参加させるかどうかの判断について、私は選手の気持ち次第でプレーが可能だと主張したが、彼はその選手を休ませたかったのだろう。彼は私に対してドクターでもトレーナーでもないあなたが判断するより専門家の判断によるべきだと主張した。結果は忘れてしまったが、トレーナーかドクターの判断で決めたと思う。このようなことがあり、先入観や推量で人を判断することは避けるようになった。一方、「餅は餅屋で」が一般化し、チームでは分業化や専門化がますます進むこととなった。

XIV　地域と喜びをともに

　地域の人々の応援や協力は大きな支えになった。1994年にBKCに本拠地を

移転してから、チームと地域の小学生、中学生、高校生の交流が盛んになるとともに地域の人々との関係も深まってきた。チームは市民のみなさんとの交流、ふれあいも大切にしている。出会った人々から「優勝おめでとう、ご苦労さん」「良かったね」と声をかけてもらい喜びをかみしめる。小学生とのフットボール教室では、「今日はおもしろかった、ありがとう」と子どもたちに言われ、ボールの投げ方を教えて、やってみて上手くできた時の子どもたちの目の輝きに触れて、学生たちはフットボールをやっていて良かったと再認識する。小さな貢献かもしれないが、学生にとって社会活動に参加して地域の人から感謝された喜びは、大きなインパクトだ。学生の成長にとって非常にプラスになり、もっと高い目標へのステップになるようである。これからも積極的にこうした交流を続けていきたいものだ。

XV　コーチと情熱

　教える立場の人間に情熱は欠かせない。無口なコーチもいるが、無口ではだめだと思う。選手に今のプレーは良かったのか悪かったのか、評価をしてやる必要がある。選手が順番にパス、キャッチの練習をする。相手は次々に変わる。そのつど、適切なパフォーマンスができたか、できなかったかを一人ひとりの選手に知らせることが必要だ。パンサーズでは、椅子に座っているコーチはいない。歩き回って、走って、選手に大声をかけて元気づけている。選手と一緒に動き回るから体力も消耗する。通常でもビデオとミーティングだけで１日２～３時間費やす。情熱がないとできない。根気も必要だ。半分以上のコーチは職員として通常の勤務もある。私も立命館に入った時に「職員として仕事をしてからコーチをしなさい。双方、きちんとこなしてください」と言われた。これは、職員としての基本だ。職員コーチは、自分の職場での責任を忘れてはならない。

XVI　おわりに

　このごろ、コーチングについて感じることにオーバー・コーチングがある。コーチは高い技術や知識、経験も豊富で手厚いコーチングが可能だ。選手からの信頼も厚い。しかし、あまりに手厚いプログラムによる指導の中から、理不尽な出来事に対する忍耐力や思いがけないことに対応する適応や独創性は育まれるのかということだ。

　昔、チームは弱小で勝つために悩みぬいていた。例えば、相手の動きを見て、「こうやったら勝てるのかな」とか「ああやったら勝てるのかな」と、チームメイトを相手に自分たちでシミュレーションしながら、仲間同士で論争しながら新しい試みと挑戦を繰り返していた。今では、選手がコーチに質問すれば、コーチが最適な解答を示してくれる。こうした環境で、部員に個性的な創造力や独創的な発想が育つのか、力強い生命力は養成されているかと少し不安になる。

　例えば、卒業して会社に入れば日常的にストレスが増してくる。適材適所ということは簡単に望めない。今まで手厚いケアで、聞けば答えをもらえていた人間が、そのストレスに対応できるのか。コーチとしては忍耐力や学生自身が工夫する力をどうつくるのか、困難に立ち向かう生命力を養うことが大事になってくる。以前、私は荒っぽいコーチングをやっていて、部員は私の顔色を見て接し方や扱い方を決めていたようだ。誰が対応して、どんなふうに言ったら私がカッカとしないとか、冷静に話すときは何時が適切かいうことが彼らには分かっていたらしい。チームが一部リーグに復帰した時の主将や副将は、私がイライラしていたらスッと横に来て、キャプテンが「平井さん、こうしたらどうですか、ああしたらどうですか」と冷静に言う。「部員には僕がきちんと説明します」とか。こうしてコーチとチームを上手くまとめていた。実践的な社会性、高い対人能力のようなものを身につけていたようだ。一部リーグに昇格できたのは彼らの力が大きかった。現在、部員は恵まれた環境の中で活動に取り組んでいる。しかし、環境が激変し悪化するかもしれない。例えばコーチが少なくなり、部員だけで運営することになった

時、組織の円滑な運営能力、強力な相手に挑戦する勇気や元気はあるだろうか、知識の追求をする術は持っているだろうか、リーダーは育っているかなど、人間力が育まれているかが少し不安だ。取り越し苦労かもしれないが…。

「逆境で立ち上がる力、壁を乗り越える力強い生命力は、本当にこのコーチングによって育っているのか」と自問自答するが、結論としてはパンサーズの今のやり方がいいと考えている。肯定した上でなお、その仕組みの中で学生の人間力をどう育てるか考えてみることも必要ではないだろうか。コーチングについてさらに検討を積み重ね、私たちの方法に確信が持てた時に、パンサーズにおけるコーチング理論として、みなさんに信頼していただけるのだろう。各方面から様々な意見や批判をもらうことによって、さらにコーチングを高度化していきたいと考えている。

第5章 校友会の組織化

―― 社会的ネットワークの構築

志垣　陽

はじめに

　立命館大学は、1869（明治2）年に西園寺公望が現京都御苑内に創設した私塾「立命館」を創始とするが、学校としての創設は1900年（明治33）年に中川小十郎が上京区三本木の仮校舎で設立した「京都法政学校」に始まる。

　以来105年の歴史を重ね、現在までの卒業生数は約28万人、各付属学校の卒業生を含めると学園全体で約35万人の校友（卒業生）ネットワークを擁している。校友は、学園にとって最も重要かつ身近なステークホルダーであり、立命館大学校友会は、「母校の発展を期し、あわせて会員相互の親睦を図ることを目的」（立命館大学校友会会則第2条）とし、母校と後輩の活動を支え、学園支援ネットワーク組織の中核としての役割を果たしている。立命館の総長選任制度にあっては、総長の選挙人96名に卒業生代表4名が含まれ、現在は理事35名を含め94人で構成されている法人評議員のうち28名（立命館大学卒業生から24名、付属学校卒業生から4名）を、法人が設置する学校の卒業生から選任することとなっている。また実際の構成では、学校法人の理事及び評議員の8割以上が校友（卒業生）で構成されている。このように学園の運営上重要な位置と役割をもつ校友であるが、日常の大学運営にかかわる現場教職員の多くは、法人役員や管理職層の認識とは異なり、学校運営システムの巨大化や現実の日常業務の細分化などもあって、目を凝らせば見え隠れしている校友の位置と役割、そしてその力量を十分に活用できないままに業務を遂行している現実もある。ここでは校友を軸とした社会的ネットワークのなかで業務を見直す観点からも、校友としての教職員の役割から論を始めたい。

I　学園創造を主体的に進める役割をもつ校友の中心としての教職員

　立命館大学校友会の本部事務局であり、学園内各校の校友に対する総合窓口は校友課である。1984年の広小路キャンパスから衣笠キャンパスへの本部移転以来、校友課は本部棟である中川会館に置かれ、その4階全体が「校友会館」と位置づけられている。

　近年は、立命館大学父母教育後援会の事務局(父母交流課)を室内に受け入れて配置したこともあり、学生の諸活動に対する財政面の支援要請などを目的としてオフィスを訪れる教職員も増加したが、私が校友課長として立命館大学校友会事務局の担当を始めた7年前には、業務のために校友課を訪れる教職員はほとんどいなかった。それほど学内の日常業務からかけ離れた業務であるかのように思われ、大学改革の諸課題が前進していく他分野とはかけ離れた状況がオフィスの空気を支配していた。その背景には、他大学出身者はもとより本学出身者でさえ、日常的な学園創造を支える、教職員こそが卒業生校友を組織していく中軸としての役割を課せられている校友であると明確に認識できていなかった現実があり、校友課に対して校友としての誇りと自覚、責任感をもって教職員校友会活動に参画させるための積極的な働きかけも、また業務上の仕組みも、人的な連携も求められてはいなかった。また校友課は、学校法人から相対的に距離をおいた独自の組織である校友会本部組織の下に置かれた事務局と自認し、役員に対する秘書的業務や校友データの整備をもっぱらとしており、学園創造のために校友全体を軸に学園支援者の力を組織していく法人としての戦略性をもったオフィスの姿は意識に上ってはいなかった。

　現在、立命館大学校友会の会員資格は、立命館大学および大学院、またその前身となる各校の卒業生並びに学園教職員とされ、その全員を対象とした多様な校友会活動が展開されている。しかし7年前までは、全国型の展開を進めて久しい学園と卒業生実態にもかかわらず、京都在住者を中心に自主的・自覚的な卒業生に支えられた校友会組織として運営され、活動参加者の年齢構成も相当高く、京都に本部をおき、他府県に支部を展開すると位置づけた

組織活動が行われていた。また、大学中退者に対する入会資格審査も厳しく、かつ教職員についても、入会にあたって在職期間による資格制限を行っていた。このため教職員に対しては、自覚的に会活動に参画してくる例外的とさえ言える人物や何らかの行事できっかけを得た人物に対して校友会活動への参画を促すという実態であったため、学園創立90周年を記念して一度だけ取り組まれた「ホームカミングデー」などがエポックとなった以外は、教職員全員を対象者として組織する取り組み自体が日常的には成り立たない構造となっていた。

近年は、毎年11月に京都駅ビル一帯で校友会提供の一般市民公開企画として行われる「学園祭プレステージ」（約5,000人参加）と「オールリッツ校友大会」（ホテル内で行われるため約1,500人の参加にとどまる）などが多数の教職員の参加を得て開催されるようになり、若手を含む教職員の校友会活動も活発化している。また、立命館大学校友会を中軸として学部あるいは学科単位でも多数の校友会が組織された（2006年度に文学部校友会が組織され全学部が揃うこととなる）ことから、教職員の参加者が増加している。

このような背景のもと、3年前からは、法人の辞令交付式の場で校友会の活動紹介と入会案内が行われるようになり、新任者の中には自ら入会手続きのために校友会本部に来室する他大学出身の教員も増えた。

母校から離れて社会の各分野で活躍する校友にとって、母校を直接運営する教職員が校友の中軸として積極的な役割を発揮していることは大きな支えであり、とりわけ募金活動等においては教職員がその決意を形で示すことがことの成否を決める。教職員校友が学園創造の主体者としての自覚的な姿を校友全体に示し続けることは、私学立命館にとってその存続発展の根幹にかかわる課題である。

II　立命館大学校友会の規模と構成

立命館大学校友会の中心は立命館大学およびその前身各校の卒業生であり、現在は立命館大学の卒業生全員約28万人が校友として組織されている。その

うち約20万人については校友会本部事務局（立命館大学校友課）によって現住所等が常時追跡把握されており、年間約80万部の校友会報「りつめい」が発行・送付されている。組織構造としては都道府県を基本単位として国内が52地区（地勢的条件から2つの会をおく道県がある）に分かれ、そのもとに各地域小支部を包含する形の都道府県校友会が配置されている。また国外には16の地区で海外支部活動が行われているから、新に発足した立命館アジア太平洋大学（APU）校友会との連携で地域・規模が拡大しつつある。さらに学部・学科同窓会組織や体育会OB・OG組織としての「立命館スポーツフェロー」（43部の体育会サークルOB会組織の連合体）、各サークル単位OB・OG会、また業種あるいは会社単位等での校友組織等がそれらを横断的につなぐことで補い、2006年度当初段階では、縦横のネットワークとして約500団体が校友会本部に登録されている。

　このような校友会組織の全体像は、計画的に構成されたものではなく、それぞれの経過と特色をもって生まれた同窓会・校友会の組織がそれぞれの歴史的経過を経て一定の組織を構築し、その到達点をふまえて推進された近年の校友会改革の結果、新たな政策的な展開を受け入れる土壌が生まれることで構成されてきており、今後は、各学校単位の同窓会・校友会から学園全体としての同窓会・校友会組織の連携、さらに父母や支援者をも巻き込んだネットワーク組織の構築へと発展しつつある。

　立命館大学校友会の場合、入会手続きと会員資格については、学費納入時に学校法人側が校友会本部の委託を受け、校友会費を代理徴収することで基本的に卒業時に全員が入会するという制度であり、他の学校同窓会・校友会等もほぼ同様となっている。校友会費の代理徴収制度は、1896年度4回生の学生から実行されており、年間約2.4億円の校友会本部経常勘定を支えている。現在は、毎年約7,000人の新会員が生まれ続けているが、彼らが学生生活を送った学園のすべての資産は先輩たちの営為によって形成されたものであり、また彼ら自身の卒業後を含めた校友としての営みがその資産を増やし、立命館の歴史を発展させていくことになる。

III 学園創造と校友

　多くの卒業生がいろいろな分野で活躍することで、学園は社会的評価を高めているが、教職員のなかには政策的な業務を担当している場合でさえも、校友との接点に立って仕事をしているということをつい忘れてしまうことがある。それは日常の仕事を通じて直接校友との接点を意識する場面が少ないこと、また、歴史的な到達点として、立命館の校友組織が学園の当面する課題を前進させる支援者として十分に頼りになる存在となりきれていないということもある。

　しかし、学園の歴史を振り返れば、学園の発展と校友の力量は常に両者の相乗関係のなかで発展してきている。専門学校令、大学令にもとづく大学昇格運動、敗戦後の危機、それぞれの学園史の節目で校友は大きな力を発揮してきた。

　1990年代の後半、APUの開設に向け学園執行部が経済界における校友のネットワーク強化を図った。立命館の卒業生は、戦後において教職員や地方公務員に進むことが多く、その分野では一定の高い到達点を築いてきたが、経済界では残念ながら校友が学園の歴史と卒業生規模に比して依然脆弱な基盤しかもっていないことが明らかとなった。経済界で活躍する校友を輩出することには、学園自体がむしろ消極的な指導を行う時期が長かった背景もある。ゆえに校友層構成上の弱点は、至極当然にそれを反映したものであるにすぎず、校友会本部としても経済界で成功する校友たちを支援し、あわせて校友会活動のリーダーとしての積極的な参画をはかる施策をもちえないままに推移していた。

　しかし、立命館大学だけで28万人、学園全体で34万人を数える卒業生数と百年を超える歴史の重みはありがたいもので、APU開学へ向けた取り組み(後述する立命館大学校友会「98改革」)を通じ、改めて各界でリーダーシップをとっている卒業生たちの姿が顕在化することとなった。卒業後の努力によって、さまざまな分野で着実に橋頭堡を築き、活躍している校友の姿がその勇姿を見せはじめており、現役職でいえば山中諄立命館大学校友会本部会長(南海電鉄

取締役社長)、住野公一東京校友会長(オートバックスセブン代表取締役CEO)、村上健治大阪校友会長(大和ハウス工業代表取締役社長)はいわばその白眉といえる。

Ⅳ 立命館大学校友会の生い立ち

　立命館大学は1900年に京都法政学校として設立された。その卒業生たちが、やがて同窓会組織として「東京校友クラブ」「大阪校友会」「京都校友会」を設立していくが、この頃の立命館の同窓会組織は、創立者でありオーナーである中川小十郎のもとに卒業生たちが集まることに中心的な目的が置かれていた。しかし、そのなかにあっても校友総代の正岡亨は、1915年の秋期校友大会で、「近来私学勃興の機運に際会し、各私立大学何れも其の基礎の確実を図り、母校立命館大学に在りては、益々設備幷教授上遺憾無きを期し、有意の士を輩出せざるべからず。之が為校友は母校の施設に対し、各其の分に応じ或いは財力を或いは労力を適当の時に提供し他の大学より基礎の堅実なることを羨称せしむるやう努力せざるべからず」(1915(大正4)年11月30日秋季校友大会挨拶)と述べており、この時点ですでに単なる親睦組織の域を出始めている。

　さらに1916年3月に行われた京都校友倶楽部総会では、教頭の織田萬が「英米の学校に於きましては、官立私立の別なく卒業生と母校との関係厚く、卒業生は種々母校の事務に関する権利を有して居る(中略)畢竟母校の為に校運の発展を期する事が独り校友の義務たるに止まらず、同時に其権利であることを表明する(以下略)」と述べている。

　校友会が独自の目標を掲げて明確な組織活動を展開するのは、1918年に公布された大学令を受けて高揚した大学昇格運動であり、このなかで立命館大学校友会は、数度の全国大会を経て1919年に全国校友会として確立していくことになる。

　当時立命館専門学校は、500人くらいの学生規模をもち、京都最大の専門学校として経営的にも安定していた。大学設置の申請にあたっては組織等の審査も入り、面倒な手続きが発生する。当初、創立者の中川は、大学昇格に対し積極的ではなかった。設置当時のお金で50万円という巨額な供託金が必要

であったが、卒業生評議員の一人である第1回卒業生貫名弥太郎が、大学昇格の必要性を訴え、それを受けた校友を中心とする募金によってその50万円が用意され、1922年に大学昇格が実現する。関西の有名他大学の中には、その後もずいぶん後まで大学昇格を果たせず苦労した例もあるが、立命館大学はこの大学昇格運動の過程で、校友と母校立命館の関係に大きな変化を体験する。

　大学令に批判的な中川の「本学の講義は（中略）実質に於いて大学の講義に外ならぬのであります。此の講義を大学の講義となすが為に、別に証拠金を積み立てる必要もなければ、又大学の教授方よりも劣等なる専門教授を置く必要は全然ないのであります」という第15回卒業式での挨拶を受けた大阪校友会の建議書は、「惟ふに学校と校友は恰も母子の如く互に唇歯輔車の関係の下に相扶掖し、校友の活躍発展が学校の基礎を養い声価を崇め学校の隆盛は校友の活動を誘掖すべきものなれば、是非両者の関係を密接温和ならしむるため完全なる校友会の組織は刻下の急務なるや」と述べ、さらに初代校友会長の畝川鎮夫は、「学園は中川先生の創立であるが、昇格した大学は校友の責任に於いて昇格したので校友会は育ての親であり、大学は我等の愛児である」と明快に述べている。

　この結果、立命館大学は1919（大正8）年7月に大学令による立命館大学へと昇格、名称変更し、11月には現在に引き継がれる「本会ハ母校ノ発展ヲ期シ校友相互ノ親睦ヲ図ルヲ以テ目的トス」(立命館大学校友会会則第3条(1919.11.23 母校創立20周年記念校友大会))をうたう全国校友組織立命館大学校友会が京都校友会、大阪校友会、東京校友倶楽部の統合によって発足することになる。ちょうど87年前のことであった。

Ⅴ　「立命館大学校友会98改革」

　立命館大学校友会の河原四郎前会長(第9代会長)は、学校法人の理事や経済人の校友を中心とする学園支援組織「清広会」の会長などを兼務しつつ、2004年5月まで約8カ年にわたって前例のない校友会改革を果断の実行力で推進し

た。西暦2000年5月の学園創立百周年事業、立命館アジア太平洋大学(以下APU)開学記念式典には、全国から1500人を超す校友が大分県別府市に集ったが、学園独自のAPU創設募金と並行しつつ、わずか半年で1億円強を別途に集めた「APU正門募金」や、九州各地からの43台に及ぶ無料送迎バスなど、3,000万円の交通費負担を判断して校友を開学記念式典に集めたその指導力は、他の追随を許さない。

APUの正門には、「立命館新世紀の幕開けに世界と未来に開かれたこの門を贈る」と銘が打たれている。その河原前会長のもとで「立命館大学校友会98改革」が行われた。その主な取り組みは、以下の通りである(1998年に集中的な大改革が行われ、以降連続して改革が進められたものの総称であり、その後に実現・具体化されていったものを含む)。

〈立命館大学校友会98改革〉
・都道府県組織を「京都本部」に対する「支部」ではなく固有の「校友会」と再編し、あらためて学園側を事務局に連合本部的な全国本部組織を再構築
・各都道府県で「支部長」ではなく「会長」「役員」に相応しい人物を学園執行部の協力を得ながら、役員就任要請
・東京オフィス(八重洲口)、大阪オフィス(淀屋橋)に校友会窓口を設置
・本部組織に常任幹事制度を新設。役員定数と任期の再設定、大規模な人事刷新を実施
・体育会のOB・OG組織「立命館スポーツフェロー」や理工学部をはじめとする学部系各校友組織との連携強化
・学部同窓会組織の設立推進と世代別校友会組織(U40＝40歳以下組織の新設)の構築
・APU開学全面支援と連動した海外校友会組織拡充(現在17地区で支部活動)
・スポーツ奨励「校友会長賞」の設置(全国制覇のサークルに各50万円の活動資金給付)
・付属校同窓会組織を含めたオールリッツ校友会への発展を目指す諸事業の推進

第5章　校友会の組織化

- 本部委員会組織の抜本的再編（8専門委員会を全廃、スリム化した新4専門委員会を設置）
- 「校友会報りつめい」の「学園通信校友版」との合冊化と学園との合同編集体制移行
- 卒業式への校友会入会式の組み込み（卒業式から始まる新たな校友としての出発）
- 学生団体への活動支援の強化（アメリカンフットボール、サッカー、駅伝などの応援体制強化、地方法律相談会、移動茶会などの開催、）と協力関係構築（校友大会実行委員会への学生団体正式参加）
- 卒業記念CD-ROM（毎年1万枚）の作成・配付と校友会ホームページ、校友メール転送サービスの本格運用（現在累計参照者120万人、毎日約1,000カウントUP）
- 京都駅ビル一帯での一般市民公開学園祭プレステージ（約5,000人参加）&オールリッツ校友大会（約1,500人参加）の実施
- 朱雀キャンパス建設にあたっての学校法人へ対する一括5億5,000万円の寄付

等々

＜立命館の校友組織＞

立命館大学校友会	（約28万人、会長：山中諄）
立命館アジア太平洋大学校友会	（約2,000人、会長：竹本慎也）
清和会＝立命館中学校高等学校同窓会	（約2万9,000人、会長：植松繁一）
鳳凰会＝立命館宇治中学校高等学校同窓会	（約1万6,000人、会長：新立敏美）
立命館慶祥中学校高等学校同窓会	（約1万3,00人、会長：上田昭正）
立命館守山高等学校同窓会早苗会	（約1万人、会長：前田吉好）

VI　校友を軸とした大学と社会との連携

　母校が順調に発展している場合は、大学と校友会組織との関係は概ね良好なものである。しかし、あってはならないことだが、例えば立命館大学が深刻な事件・事故または財政危機等の事情で廃校かという危機を迎えた場合、

校友を中核とする学園支援ネットワークのイメージ図

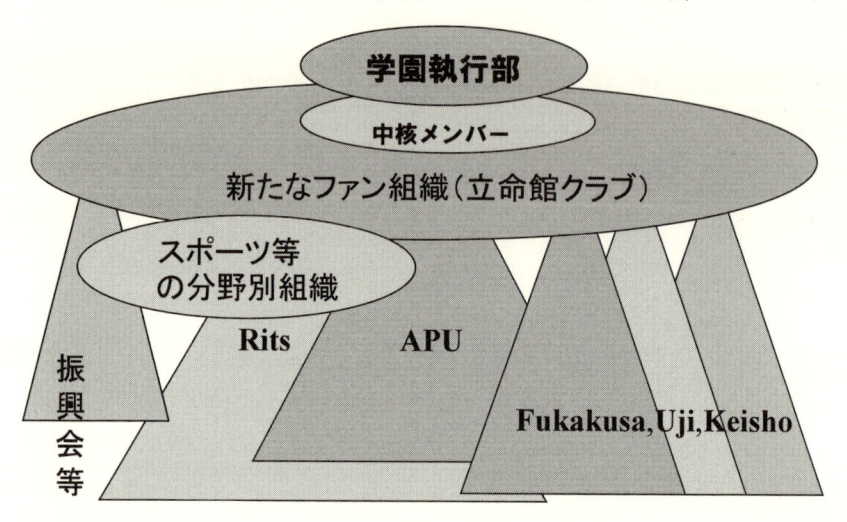

学園執行部
中核メンバー
新たなファン組織（立命館クラブ）
スポーツ等の分野別組織
Rits　APU
振興会等
Fukakusa, Uji, Keisho

　おそらく校友会には多くの人が集まらなくなるであろう。集まっても、他大学の事例に見られるように学園執行部への非難や教職員への不満ばかりが聞こえ、学校の運営そのものを混乱させる恐れさえあろう。とはいえ学園執行部同士の対立や混乱が校友会に持ち込まれ、例えば法人理事会が決めた経営方針を校友会が中心になって反対し、機関で否決してしまったような事例も他学園には現実にあり、あくまで"母校は常に元気でなければならない"のである。
　大学としては、多くの卒業生に活躍してほしいと願い、同時に学園の方針を理解し支えて欲しいと願う。また学園の教学方針がより社会性をもち積極的な意義をもつものとなるためには、様々な社会経験をもつ校友から、学園創造へ向けた具体的な援助内容を含めた積極的な提案を受け、それが構成員の営為に反映されていく仕組みが不可欠である。大学は社会に働きかけ、社会の影響の下で自己の科学性を高め、その政策的優位性によって自立性を確保し、より高いレベルの社会的機能を全うできる権威を勝ち取っていかなければならない。そして同時に、それを前提として授業料を超える付加価値を学生に提供する責務がある。

最近まで大学の社会貢献を論じる場合、どちらかというと大学が社会にサービスを提供するというやや「高飛車な意識」が見え隠れするケースが多かったが、本来、大学は社会的要請を背景にその存在意義が生まれる社会装置であり、卒業生を軸としつつも在学生・卒業生の父母や関係企業・団体を含めた幅広いネットワークの中に包含されて存在するものである。したがってそのネットワークを構成する大学周辺の人々にもそのネットワークが付加価値を与え、様々なビジネスチャンスが生まれていくなどの上昇スパイラルが形成されなければならない。

　そのような意味からすれば、ともに校友となるべき後輩学生を育てていくという意味で現役学生やOB・OGの父母も広義の校友と位置づけることができるし、立命館を愛し信頼する企業や個人が、幅広く立命館の学園創造を軸にした教学事業に参画していただければ、それもまた学園創造を支える近しい友という意味で校友である。

　同じ釜の飯を食った、机を並べて学んだということが校友会の結びつきの根幹にはあるが、4年間在籍したこと自体が重要ではなく、同じ方向をめざして学園創造を支える仲間として「現実に生きている仲間」を組織することが重要である。当然のことながら中退者は対象外などという校友会活動ではネットワークが広がらない。会員の実質的な輪を拡大しつつ、参画する人により高いサービス、コミュニケーション環境、そして自負心を感じられる場を提供することが肝要である。

VII　立命館にいまこそ求められる校友政策の確立

　校友政策の推進が学園にもたらすものは、すでに述べた学園支援者の組織づくりであるが、何よりも長期的で安定的な支援は学園に対する直接的な財政的・人的援助の仕組みの構築である。それは寄付・募金活動であったり、融資や遺贈などの形をとったり様々な形態で行われる。母校への産官学連携などの誘導や資金提供、また寄附講座の持ち込みなどもそれにあたる。これまで立命館大学では、残念ながら校友を募金の対象として折に触れ支援を求

めてきたことはあっても、それらは常に単発的であり、現実に母校とともに生き続けている校友に対し、継続性や計画性をもって向き合い続ける視点からのものではなかった。すなわち校友総体の力量を学園の力量として組織的・継続的にまとめ上げ、上昇スパイラルを描き出すという政策は確立しておらず、ようやく中期的財政政策の視点から検討が開始されようとしている段階である。この間、学園において論議・策定され、推進がはかられてきた数次の「長期計画」でも「学園構想文書」でも、校友との連携を正面から論議した文書は見られなかった。「私学に徹する」というよりは「公教育」的な側面が強調されてきた学園創造の歴史的経過とそこに有力な支援者として登場できる主体的力量を示してこれなかった校友力量の反映と言わざるをえない。しかし近年ようやく「私学に徹する」視点から学園アイデンティティ確立の重要性が指摘され、校友政策の論議が始められようとしている。

　その際のポイントは、①母校が社会の支持を得て発展し続けていること、②それを多くの校友に正しく継続的に学園として伝え続けていること、③校友の条件や考え方に対応して様々な援助の方法を選択肢として用意できること(活動に学ぶ)、④援助は待っていては来ないので多様な方法で組織的に連携してお願いに行くこと、⑤校友の支援を学園構成員が認識し連携し続けることを学園の運営システムとして担保すること、⑥そのためには、教職員校友が中核となって校友と連携し、さらに新たな会員制ファン倶楽部などを構成することで、より高いレベルで継続的に学園創造への参画を促すこと、などであろう。

　立命館大学では、28万人を数える卒業生のうち、連絡先情報を把握できる校友約20万人に対して年4回「校友会報りつめい」を送付している（1回20万部で年間80万部発行）が、それは校友のアイデンティティ形成にきわめて重要な役割を発揮している。しかし、毎年春には約5,000件もの住所不明者が発生しており、その追跡には大きな労力がかかっている。転居・転勤はともかく、亡くなった人、会社を辞めた人は自ら報告してくるものではない。個人情報保護法の完全施行をふまえ、現在各大学では校友会と学園との一体性をより強化する方向で情報の共同利用化が図られている。立命館の場合、校友会事

務局を学園の校友課が担う体制となっていることから、学園との一体性確保については従来から条件は確保されている。したがって、むしろ課題となるのは校友と学園・校友会本部との実質的な事業を通じての連携であり、様々な機会を校友と学園関係者との交流事業と位置づけ、キャリアアップやスキルアップ、リカレント教育、生涯学習など多様な側面から、校友個人が卒業後もなお学園の構成員としての自覚と誇りを持ち続けられ、学園・校友会本部に結びつくことの具体的なメリットが感じられる事業を推進していくことである。そのためには、法人戦略としての「ブランド確立」を含めた総合的な施策について統合・調整できる事務局機能を確立する必要がある。

まとめ

- 母校は常に元気でなければならない。
- 卒業生に誇れる母校づくりを学生とともに進めることは、教職員の生き甲斐であり喜びである。
- 私学間競争へ矮小化するのでなく、真摯に教育・研究改善の努力を行う大学が、国際社会に「生き残る」。
- 教職員が「ブランド」を創る一貫した信念、高潔で毅然とした意思をもつ。
- 大学は社会に生まれ、社会とともに成長する教えと学びの場。
- 大学の社会的機能は、大学自身の社会への継続的な働きかけによってのみ高まる。
- 大学はそれぞれに平和な社会の構築と人類の福祉を自己の目標としなければならない。
- 大学創造を自覚と誇りをもって進めることは、異なる文化・社会で暮らす各国民の共生を進め、平和で安全な人類社会を前進させる。
- 校友会・同窓会は上記の目的を共有し大学の機能を高め、校友個人の成長を支援する組織

質疑応答

Q１ アメリカの大学ではオリエンテーションに１、２週間かけるところも多く、その中で大切にされているのは大学の文化を伝えること、インフォーマルなことも、フォーマルなことも、上級生や教授から１年生へ伝えるのだそうです。その取り組みによって将来校友となった後も母校を支え続けるメンバーとしての自覚が生まれ、募金などにつながっていくと聞きました。そこで、新入生オリエンテーションから学部時代に、学生に対してどういう働きかけが必要でしょうか。また、海外の大学の校友組織について教えてください。

A１ アメリカの大学と比べると、日本の大学の校友政策はまだ理念的にも実践的にもはるかに遅れています。校友会も同様で母校を支援するどころか、自らの会活動の財政自立さえできているところが稀というのが現状です。立命館大学校友会も担当専任職員の人件費やオフィスの維持費は大学に全面的に依存しています。他の大学もほぼ同様であり、"校友力"が大学を支える力として顕在化できている大学は稀です。また大学文化を伝えることは大変重要ですが、卒業後よりも在学中に触れる大学文化についての議論が大切かもしれません。なお、アメリカの大学では、校友会が財政的にも自立し、アドミッション事業やキャリア支援なども独自に推進しているようです。また、ヨーロッパの大学では、大学の拠って立つ経済基盤や意識基盤の相違からも校友会としての組織活動は一様ではないようです。中国や韓国などでは、アメリカ留学組が社会の中枢を担うようになって、アメリカ型の校友会・同窓会運営が持ち込まれているようです。オリエンテーションから始まる在学期間にどのような働きかけを行うかについては、教学サイドでの整理を求める必要があるでしょう。校友会サイドとしては、母校の歴史と伝統をふまえ「学生生活の充実」のために様々な支援を充実することで学生生活の満足感を高めることが重要でしょう。「オールリッツ校友大会」に連動した「学園祭プレステージ」のように学生を直接支援する事業の企画は効果的だと思います。「貴方たちが持っている力を一般市民に思いっきり披露しなさい。先輩たちが全力を挙げて応援するから」という気持ちが大切です。自らが校友の一員となること、

校友によって今が支えられていることが体感できる仕組みをつくる必要があります。

> **Q 2** 各大学が都心を中心に大学院授業や短期プログラムなどを開講することが増えていますが、本学がそういうことを考える場合も主なターゲットは卒業生だと思います。校友にはもう一度、立命館で学びたいというニーズがあるのですか。あるのであれば、どういうことを学びたいと思っているのか教えてください。

A 2 ニーズはあると思いますが、今はまだ立命館がおかれている立地条件もあって十分掘り起こせていないようです。理工学部の場合は、すでに半分の学部卒業者が大学院に進学していますが、社系はまだ多くありませんので、やはりマネジメントやビジネスを中心にした大学院教育の検討から進んでいくのでしょう。大学院については比較的簡単に設置できるということもあり、開設分野や学費政策を含めた戦略的判断と見極めがより重要だと思います。また大学と大学院で複数の母校をもつ方々の増加を想定して、大学院2年間の在学でも立命館の校友という自覚と誇りを共有していただくための方策も重要となってきます。

> **Q 3** （他大学の職員）
> われわれの大学では入学時から毎年校友会費を代理徴収していくシステムをとってきましたが、父母の方からそれをやめてほしいという要望が出ています。また個人情報保護法の完全施行によって、個人情報の提供をお願いしにくい状況も生まれています。そのあたりの話を聞かせてください。

A 3 大学による代理徴収システムは、関東の総合大学などで新たに導入する例も増えています。立命館大学校友会では20年ほど前から行っており、財政安定に大きく寄与しています。問題は、会費に見合う会活動やサービス内容が厳しく問われるようになってきたということでしょう。立命館大学の場合も導入が早かっただけに、入会手続のあり方を含め、ていねいな再整理が必要となっていると考えています。現在は、最終学年の学費納入時期に一括納入で立命館大学校友終

身会費を3万円、さらに学部同窓会費を1万円（学部により異なる）徴収していますが、これに毎年の父母教育後援会費が1万円加わりますので、その年度には学費に都合5万円が加算されることとなり、よりていねいな説明を必要としています。いずれにしてもこの大学で学んで良かった、卒業生でいられることが誇らしいと感じてもらえる大学づくりが重要です。誰もが必ず複数の母校をもっており、それぞれに愛着があるでしょう。しかし、その限られた卒業生の人生をどの学校（大学）がともに歩めることになるのか。入学試験以上に厳しい競争かもしれません。歴史が長い大学は、各世代を網羅した校友対策が検討できるでしょう。歴史の浅い大学は、学生の父母や関連企業・団体をも巻き込まないと競争力がつかないのです。等しくない条件の下で、それぞれの戦略に合わせてやっていくしかないと思います。

Q4 2、3年前に故郷の地域校友会総会に出たのですが、地域校友会と学部校友会の関係はどう考えればよいのでしょう。また、これからの学部校友会のあり方というのはどう考えればよいのでしょうか。

A4 地域校友会は、当該地域に居住する校友が学部を越えて一同に会するもので、卒業生以外にも帰省した現役学生や父母の方が参加されることもあります。学園から地理的に離れるほどに立命館出身者が一堂に会する意義が強まるようで、駅伝などの応援にはより強い結束力として現れています。一方、京都や滋賀のように大学の拠点キャンパスを抱えている地域では、地域校友会の独自活動は、組織構成員の規模に比すと活発でなく、代わりに産官学連携やリカレント、生涯学習など具体的なテーマ・課題ごとの校友ネットワークが盛んになっています。また学部校友会は、理工学部がその典型ですが、学系・学科ごとに、現役学生・院生、教職員が一体となった活動に特徴があります。理工学部では、学系の事務室が事務局を担い、学系ごとの同窓会組織が理工学部同窓会連絡協議会としてまとめ上げられています。共同研究や就職支援などが生涯にわたって継続し充実していることも特徴です。文学部や社会科学系の学部でも学部同窓会が設立されていますが、やはり参加者は近県の校友と教職員が中心になっています。いずれにしても、多様な校友会のスタイルがあります。それぞれに参加者自身が選択して活

動すればよいと思います。校友会本部では、本部ホームページから各地域校友会にリンクしたWEB環境を提供し、あわせて各学部や付属校同窓会などのHPとリンクしています。参加される方、運営を担う方が自己の達成感につながるように配慮しています。

第6章 寄付政策から教育研究ネットワーク政策へ
―― 立命館寄付政策「プロジェクト60」

伊藤　昇

はじめに

　一般に大学は、新学部・学科をはじめ様々な教育研究改革を、期限を設定し、その目標の達成度を測定、評価し、その見直しを議論することはほとんどないと言っても過言ではない。また、大学の教育研究の目的はその多くが定性的なものであり、定量的な目標を掲げることは例外的であるといっても間違いがない。これらのことから、大学の教育研究が期限の到来によって目標への到達すなわち成果や実績を厳しく問われる仕組みになっていない。そのため、教育研究は定性的な総括や評価に終わることが多く、その「見直し」（廃止、リストラクチャリングまで含めて）にまで踏み込んで議論されることはまれである。逆にいうと、こうして大学の教育研究事業は、「永続性」を確保しているようである。

　しかし、教育研究改革が既存の教育研究に「足し算」されるというあり方は、私立大学の財政の厳しさ、特に「収入の『右肩下がり』」と支出の右肩上がり」の中では、私立大学財政の壁に直面することは必至である。私立大学は、学園財政に「足し算」でない、新たに教育研究改革を進める道を探らなければならない。その道には2つの方法がある。

　一つは、教育研究は、長期にわたって改善、改革を重ねながら成果や実績を社会に問うていくものであることを十分に理解したうえでも、「期限」、「評価」、「見直し」という事業的なサイクルによって、既存の教育研究を見直し、その見直した教育研究資源・資金でもって新たな教育研究改革を進めるということである。

もう一つは、社会的な教育研究資源・資金とのネットワークによって教育研究を創出することである。
　教育研究事業の見直しであれ、社会的な教育研究ネットワークであれ、いずれも事業評価の感覚を教育研究に導入する重要な契機となる可能性をもっている。
　本章では、募金活動の教訓にも触れながら、寄付活動を新たな学園の教育研究ネットワーク政策として発展させていった寄付政策「プロジェクト60」の基本的な論理と構造、そしてその成果と意味を改めて検証する。
　それは、寄付政策「プロジェクト60」が、社会的な教育研究ネットワークの形成と発展を作り出し、私立大学における教育研究改革の一つの道筋を示すものであり、今日の大学を取り巻く情勢においてもその意義を有するものであると考えるからである。

I　社会的な教育研究ネットワークの橋頭堡としての寄付活動

　学園が初めて組織的に寄付活動を展開したのは、末川記念会館建設事業募金であった（1979～1985年度。募金目標3億円。募金申込3.2億円）。末川記念会館建設事業募金は、広小路学舎（京都市上京区）から衣笠学舎（京都市北区）へとキャンパスの一拠点化をめざした衣笠一拠点計画（1981年4月に一拠点実現）の特別事業の一つとして取り組まれたものである。
　次いで、学園は、歴史と伝統のある他の大規模私立大学の100周年記念事業募金にやや遅れて、立命館創始120年・学園創立90周年記念事業募金に取り組んだ。この記念事業募金は、第3次長期計画事業（1984～1990年度）の中心事業であった国際関係学部の創設（1988年）、理工学部情報工学科の新設（1987年）、立命館中学・高等学校の男女共学化と移転（1988年）の施設計画（国際関係学部棟、理工学部4号館、立命館中学・高校のホール）の建設費の一部を賄うとともに、国際交流などの基金設置を目的として取り組まれたものである（募金目標35億円、募金期間1985～1991年度）。これは、学園が本格的に広く社会に募金を募集したものであった。多く方々の理解と協力を得て、募金は目標を大きく上回る47.4

億円(1991年3月)の申し込みがあった。第3次長期計画は、主事業を成功裡に終え、計画より1年早く終了した。

引き続いて、学園は理工学部のびわこ・くさつキャンパス(BKC)への拡充移転、政策科学部創設などを主事業とする第4次長期計画(当初計画年度1991〜1998年度)を策定し、取り組んでいった。この第4次長期計画の寄付政策が「プロジェクト60」[1]である。

学園の寄付活動は、会館建設募金としてはじまり、90周年記念事業募金として長期計画の柱となる事業のそれぞれの財政計画の一翼を担うものとして位置づけられ、そして、後述する「プロジェクト60」において、教育研究の発展の一翼を担う社会的な教育研究ネットワーク政策あるいはその活動として発展してきた。

II 立命館創始120年・学園創立90周年記念事業募金の展開と教訓

前述のとおり、第3次長期計画の立命館創始120年・学園創立90周年記念事業募金(以下、「記念事業募金」という)は、学園として初めて社会的広がりをもって取り組んだ大規模な寄付金活動であり、47.4億円という学園史上最高の募金の申し込みを得、大きな成果をあげることができた。

その教訓は以下の5点である。

その第一に、記念事業募金を単に「ハコモノ」への募金でなく、教育研究の国際化や情報化、中学校、高等学校の教育づくりなど第3次長期計画の教育研究政策を支える建設事業と基金設定の募金として位置づけたこと。

第二に、理事会を中心とする学園トップが、記念事業募金の成功を国際間学部創設、理工学部情報工学科新設、立命館中学・高等学校の男女共学化と移転の必要条件として、自らの課題・責任として明確に位置づけるとともに、学園のすべての機関・教職員の課題・責任として位置づけたこと。

第三に、学園役職者が社会的に広く募金依頼を行うとともに、社会的に募金を募集するにあたっては、それに先立って全学の教職員自らも募金に応じ(教職員募金目標1.5億円、申込2.0億円)、第3次長期計画事業完遂の決意を社会的

に明らかにしたこと。

　第四に、広く社会に募金を募集するなかで、社会から学園に多様な期待と要請があったにもかかわらず、学園がそれらに具体的、効果的に応える仕組みを作り出せていないこと。

　第五に、高額の募金を多くの方々から継続的に募集するという募金活動は、日本社会の中では困難であること。

　教訓のうち、第四と第五の教訓が、第4次長期計画寄付政策（「プロジェクト60」）の取り組みの中で教育研究ネットワークという政策方向を導き出す力となった。

　なお、募金活動は、相対的低学費政策（大学が相対的に低い学費でもって学園・教学創造を進める）という全学の基本政策から、学費以外の自主財源を確保するものとして「1983年度全学協議会確認」で学生との間で確認したものの実行でもあった。[2]

III　記念事業募金の教訓の発展
——双方向型の教育研究ネットワークの形成とその意義

1　記念事業募金の教訓の発展——双方向型の教育研究ネットワークの形成

　第4次長期計画寄付政策は、記念事業募金の教訓を受け、それを発展させたものである。それは、記念事業の募金というような短期・単発・集中型の募金活動としてではなく、第4次長期計画の教育研究政策・事業と結合して「社会から大学への多様な期待と要請」に応える仕組みとシステムを創出し、この仕組みとシステムを軸に継続的に「寄付活動」を行えるもの、いうなれば「寄付活動の日常化」をはかるものとして設計された。

　「寄付活動の日常化」は、第4次長期計画寄付政策が第3次長期計画寄付金政策の直後の取り組みという時期の問題も含め、学内的にも「一方通行」的に募金、寄付金を依頼するだけではなく、募金や寄付金が教育研究政策・事業と双方向の関係を持ち、教育研究の活性化をはかるものにしようとするものであった。

第6章 寄付政策から教育研究ネットワーク政策へ

記念事業募金の教訓は次のように具体化されていった。

記念事業募金の第一の教訓から、寄付計画は学生の「学びと成長」を具体的かつ明確に発展させる事業計画、すなわちBKCへ拡充移転する理工学部の校舎建設財政計画の一環を担う寄付計画として鮮明に位置づけた。

第二の教訓から、寄付活動と理工学部の教育研究の拡充を統一するものとし、寄付活動の主力は理工学部とした。その中で理工学部の教育は学費で、研究は寄付政策によって賄うものとする原則的見地を明らかにした。

第三の教訓から、教職員は自らの寄付を行うことは当然として、双方向型の教育研究ネットワークを積極的に「開発」する活動も、寄付を集める寄付活動と、「同等」の活動として位置づけた。

第四の教訓から、「社会から大学へ多様な期待と要請があり、大学がそれらに具体的、効果的にこたえる仕組み」を開発した。当初は、寄付事務局がこの役割を果たしていたが、名称と役割が一致しないことから、1994年度に産官学交流事業推進室を設置するとともに、寄付事務局をリエゾン・オフィスとして改組した。

第五の教訓は第三の教訓の根拠となるものである。社会の各界各層から募金を受けるという「一方通行」の寄付活動は、毎年あるいは数年ごとに依頼し、そのつど応じてもらうことは困難である。むしろ、そのような寄付という形でなく、「社会から大学への多様な期待と要請」に大学が応え、その費用や資源を社会の方が負担し、大学は成果をお返しする。このような社会の方々と大学・学園の双方にとって有益である双方向型の教育研究ネットワークの活動によって、大学に社会的(な教育研究)資金・資源を導入する方向が望ましいと考えた。こうして寄付と「同等」に大学の教育研究を発展させるものとして、双方向型の教育研究ネットワーク(政策)を位置づけ、その中に寄付活動をもう一つの重要な部分として位置づけた。

なお、記念事業募金の教訓を発展させ、第4次長期計画寄付政策を双方向型の教育研究ネットワークの形成へと発展させる上で、1992年3月に、「自主、民主、公開、平和利用」を原則とする「立命館大学学外交流倫理基準」が制定され、教育研究ネットワークの地ならしができていたことも見落としては

ならない。

2　双方向型の教育研究ネットワーク政策の意義

　寄付活動を含む双方向型の教育研究ネットワーク政策の意義は、以下の点にある。

　第一に、大学の教育研究資源の社会への開放としての意義である。社会は、教育研究ネットワークにおいて、大学の教育研究資源（人・物・知識・研究能力など）を有効に活用することができる。

　第二に、大学の教育研究の内容の多彩さとその水準の高さの社会的評価としての意義である。双方向型の教育研究ネットワークの形成の成否は、「社会から大学への多様な期待と要請」に大学が応えられるかどうかにある。そのためには、「社会から大学への多様な期待と要請」に応えられる大学の教育研究の内容の多彩さとその水準の高さが必要である。内容の多彩さとその水準の高さががなければ「多様な期待と要請」に応えられず、双方向型の教育研究ネットワークの形成・拡充は「絵に描いた餅」となる。

　第三に、「教学創造こそ財政政策」[3]の論理を、双方向型の教育研究ネットワークとして日常の教育研究のレベルにおいて具体化したという意義である。理工学部のBKCへの拡充移転による教育研究の高度化と学問分野の広がりによる新しい教育研究力量が、新たな規模での共同研究、受託研究、公募型採択研究プロジェクトなどの取り組みを可能にし、それらの成果が教育研究の一層の高度化と教育研究資源・資金の確保・蓄積というサイクルを生み出すこととなった。

　第四に、教育研究力量を「拡張」する意義である。双方向型の教育研究ネットワークは、一個別私学の教育研究の力量や財政制約を越え、社会的な教育研究資源・資金とのネットワークによる「拡張された大学の教育研究力量」による事業とし、教育研究の多彩な発展を可能とした。

　第五に、教職員に双方向型の教育研究ネットワークとして、教育研究を、あるいは事業もしくは業務を考えるという「感覚」を定着させたという意義である。これ以降、ネットワークによって事業や業務を「拡張」して、ある

いは一層効果的なものとして検討し、設計するということが学内に定着していった。

なお、双方向型の教育研究ネットワークは、それが社会的なネットワークであり、社会の「多様な期待と要請」に応えることによって成り立つものであるから、その成果の「品質」と「納期」が守られなければならないことは言うまでもないことである。この意味において、教育研究のあり方すなわち品質と期限による教育研究の評価という重要な提起を内在させていた。この点は、COEなど大型の公的な研究振興補助金などにおいて中間審査などとして、社会的にも制度化されている。一般的に品質と納期は、ネットワーク事業・業務において留意すべき事項である。このように、記念事業募金の経験と教訓は、双方向型の教育研究ネットワークの形成・拡充政策として、寄付活動、募金活動の枠を大きく越え出ていった。そして、「第4次長期計画の寄付政策」の取り組みにおいて具体化されていった。

IV 「社会的な教育研究資源・資金との教育研究ネットワーク事業」としての「第4次長期計画の寄付政策」─「プロジェクト60」

第4次長期計画の寄付政策は、第4次長期計画事業への寄付金獲得(理工学部校舎建設募金など)を重要な柱として独自に追求しながらも、双方向型の教育研究ネットワークの形成・拡充を「社会的な教育研究資源・資金との教育研究ネットワーク事業」(以下、教育研究ネットワーク事業という)として、以下のように具体化していった。第4次長期計画寄付政策は寄付目標を60億円としていたので、「寄付目標60億円」になぞらえて「プロジェクト60」と呼称した。

具体化とは、学園と社会の各界各層との社会的なつながり・関係を「双方向型のネットワークの形成・拡充」の契機としてとらえ、それを教育研究ネットワーク事業として形のあるものにすることである。

具体化の第一は、第4次長期計画の主要事業は理工学部のBKCへの拡充移転であったことから、教育研究ネットワーク事業における大学の教育研究資源を、理工学部の教学創造(生物工学科・環境システム工学科・情報学科・光工学科・

ロボティクス学科の創設と既存学科の充実、理工学研究科の再編拡充)による拡充された教育研究分野、教員スタッフ、教育施設・条件に置いたことである。

　第二は、全学が知恵を出し、社会的な教育研究資源・資金を教育研究システムに取り込む積極的で多彩な提案(社会的な教育研究資源・資金の教学システム化)を行ったことである。BKCに拡充、移転する理工学部の教育研究の拡充・豊富化、高度化は、その多くを教育研究ネットワーク事業によって進めるものとした。

　第三は、教育研究ネットワーク事業の具体化すなわち社会的な教育研究資源・資金の教学システム化は、共同研究、受託研究、奨学寄付金、チェアプロフェッサー・寄付講座・寄付研究部門などの取り組み、インターシップ制度の創設、さらにはビジネス・トップ・リーダーによる連続講義・講演会まで含めて多種多彩なものとして取り組んだ[4]。そして、社会との研究交流を進める研究センターの創設と運営、新たな研究プロジェクトは、ネットワーク型の社会的資源・資金で進めることを基本とした。また、自治体との公私協力方式、国の様々な補助金・助成金など公的資金の獲得も、教育研究ネットワーク事業の分野として独自の追求を行った。

　文系学部においても、理工学部の取り組みに学びつつ寄付講座、協定科目を中心に取り組んだ。

　第四は、教育研究ネットワーク政策を多種多彩に提起し、研究センターなど教育研究事業として事業化し、あるいは社会的な教育研究資源・資金の教学システム化するためには、それを推進する責任ある機関と事務局を確立したことである。前述したように、1994年に責任機関として産官学交流事業推進室を、事務局としてBKCと衣笠の両キャンパスにリエゾン・オフィスを設置した[5]。とくに事務局としてのリエゾン・オフィスの役割は決定的であり、そこにおける教員と職員との協同・連携の仕組みと内容・水準が、教育研究ネットワーク事業の成否を決定するといっても過言でない。「教員と職員との協同・連携の内容と水準」はまさにケイパビリティー(「事業創造」組織能力)であり、これ自体が学園の「コア・コンピタンス」ともなった。

　現在、社会的な教育研究ネットワーク事業のうち、産官学地の連携事業は

リエゾン・オフィスによって多彩に取り組まれている。

この教員と職員との協同・連携が、理工学部教育研究の現代化・高度化・学際化ともあいまって、通産省の行った委託調査「産学連携から見た日米技術系大学の比較・評価」(アーサー・D・リトル社、1996年)で「日本型『産学連携』の一つのプロトタイプとなりうる」と望外な評価を得た重要な要因の一つである。さらに、2001年には財団法人日本産業デザイン振興会から立命館大学リエゾン・オフィスは、グッドデザイン賞を受賞した。

ここで重要なことは、学費に依存し、教育研究の資源と資金に制約のある私立大学が、それらの制約を乗り越えながら、寄付政策の発展として教育研究ネットワーク事業を展開することによって「拡張された大学の教育研究力量」を作り出し、これによって私立大学の教育研究を発展させることができるという取り組みを検証できたことである。

V 「プロジェクト60」の成果

「プロジェクト60」は、1992〜96年度にわたって取り組み、寄付金を含め教育研究ネットワーク事業による「収入」の総額は67億円となり、目標であった60億円を上回った。従来の寄付金活動である第4次長期計画事業資金(募金)が27億円で、教育研究ネットワーク事業によるものが40億円である。「プロジェクト60」は教育研究ネットワーク事業によらなければ、すなわち従前の寄付(金)政策として遂行していたならば、募金は27億円となり、立命館創始120年・学園創立90周年記念事業募金の47億円にも達しないことになったであろう。額の達成という観点からも、教育研究ネットワーク事業の有効性は明白である。

教育研究ネットワーク事業の成果の内訳は次の通りである。
- 研究交流施設である研究センターへの寄付　　　13億円
- 民間企業との受託研究、共同研究　　　　　　　8億円
- 教育研究設備等の現物寄付　　　　　　　　　　6億円

・政府資金（公募型研究採択補助金、受託研究など）　　6億円
・寄付講座・寄付研究　　　　　　　　　　　　　　　　5億円
・奨学基金・資金　　　　　　　　　　　　　　　　　　2億円

その他に8つの協定科目の開設などがある。

　これらは、社会的な教育研究ネットワークによって、理工学部を中心に5年間に40億円の教育研究事業が行われたことを示している。
　これらの成果は「学費に依存しない教育研究活動」としての経験を全学にもたらした。とくに教育研究事業における理工学部の創造的、先進的取り組みは教育研究ネットワーク事業を切り開いただけでなく、全学が社会的な教育研究資源・資金を活用し教育研究を展開するという学園ネットワーク政策を作りあげる上で、全学を鼓舞し多大の貢献をなした。
　同時に、これらの成果は、社会的な教育研究ネットワーク政策が「学費に依存しない教育研究」を進める、「拡張された教育研究力量」を作り出す、「社会的な教育研究資源・資金の教学システム化」をはかるきわめて有効な政策であることも証明した。
　これらの成果は、社会的な教育研究ネットワーク政策をさらに飛躍させるために、次のような取り組みが必要であることを教訓として明確にした。
　その第一は、政府の科学研究費補助金が国立大学に大きく傾斜している中でも、大型の競争的研究資金を獲得することの重要性である。21世紀COEプログラム、委託事業であるナノテクノロジー総合支援プロジェクトなどは、その取り組みの成果である。併せて、公的な研究費補助金を獲得する基盤的な研究力評価が、科学研究費補助金の獲得状況であることも、この間の取り組みで明確になった。大型の競争的研究資金を獲得する上でも、全学あげて科学研究費補助金を積み上げることが重要である。
　第二は、施設補助のある文部科学省のハイテク・リサーチ・センター整備事業、学術フロンティア推進事業、オープン・リサーチ・センター整備事業などの採択、選定である。これは、マッチング・ファンドが必要であるとしても、施設、装置、設備の三点セットで私立大学の研究条件を整備する上で有

効な施策であることを全学に明らかにした。この間に9件獲得し、建設費だけで総額28億円の補助金を獲得している。

　第三は、協定科目である。これは、大学が科目を準備し、その講師や経費を企業等が用意し、学生に先端の、あるいはユニークな講義を提供することである。とくに、文系の学部は理工系のように企業との教育研究ネットワーク事業の開発の選択肢が多くないことからも、開発の余地の大きい教育研究ネットワーク事業の分野である。これは、大学と社会との教育研究ネットワーク事業による教育研究の拡充として、有効な政策である。

VI　まとめ——「プロジェクト60」の生み出したもの

　「プロジェクト60」は、社会的な教育研究ネットワークによって、私立大学が学費（財政）の制約を超えて教育研究を拡充させていく一つの道筋を示すものである。同時にその道筋の中で教育研究の発展と改革を進める重要な契機を生み出した。その契機とは次のものである。

　第一に、「プロジェクト60」すなわち社会的な教育研究ネットワーク政策は、「寄付活動の日常化」「双方向型の教育研究ネットワークの形成・拡充」「社会的な教育研究資源・資金の教学システム化」など、「教学創造こそ財政政策」という私立大学の教育研究の発展とその展望を切り開いていく重要な考え方の具体化を、その成果とともに示した。こうして、教育研究ネットワーク事業（業務）という新たな事業（業務）感覚を全学に醸成するものとなった。

　第二に、社会的な教育研究ネットワーク事業として教育研究を創造、運営するためには、社会に通用し高く評価される、あるいは社会を「先導」する教育研究の水準と教職員の事業化・組織化の力量が必要である。この意味において、社会的な教育研究ネットワーク事業は、教育研究の水準と教職員の力量を厳しく社会から問われ、評価された結果として、その現在がある。すなわち教育研究ネットワーク事業の規模と広がりと水準・内容の他大学比較は、大学評価、教育研究評価として社会的評価そのものであることを示した。そしてその社会的評価は、次の教育研究ネットワーク事業の拡充に大きく影

響するものとなる。

　第三に、社会的な教育研究ネットワーク事業は、企業をはじめ社会とのネットワーク事業という性格から、社会的評価とともに、「期限」「評価」「見直し」の事業感覚を必至とする。また、事業を継続、発展させるために、その高い社会的評価とともに、次の発展を担保する高い教育研究の内容と質を確保しなければならない。社会的な教育研究ネットワーク事業は、大学に教育研究の自己改革を促すとともに、改革の重要な原動力となる。

　以上のように、社会的な教育研究ネットワーク政策は、ネットワーク事業という事業（業務）感覚と社会的評価の論理を内在させ、総じて教育研究の内容と水準の高度化を推し進めるとともに、教育研究の改革力の社会的評価を示すものである。

　「プロジェクト60」以降も立命館は、教育研究ネットワーク事業に取り組み、ネットワーク型の学園・教学創造を進めてきた。例えば、立命館アジア太平洋大学の開学における大分県と別府市との公私協力事業、開学理念の練り上げと開学に有形無形の支援を提供したアドバイザリー・コミッティの方々などと協働の大学新設支援事業、卓越した研究拠点（COE）の認定など競争的研究費の獲得、新聞社との共同事業として開発した全国の知事が連続して独自の「自治体論」を開陳する全国知事講座や各宗派の代表の方々が連続して講義する「現代社会と宗教」講座など一私立大学では組織できない講義の開設、JICAの資金を利用した中国の高等教育幹部育成講座の開講などの国際貢献事業などである。

　このように立命館においては、私立大学が学費（財政）の制約を超えて教育研究改革を進める一つの道筋の多様な形態を開発してきている。社会的な教育研究資金・資源との教育研究ネットワーク政策とその事業は、学園・教学創造の課題と全学の知恵によって今後も多様に「進化」するものであり、私立大学は学園・教学創造を推し進めるために、これらの政策と事業を多様に「進化」させなければならない。

第6章　寄付政策から教育研究ネットワーク政策へ

注

1　「プロジェクト60」は、1991年10月30日の学校法人立命館常任理事会で決定された「第4次長期計画寄付政策—プロジェクト60」のことをいう

2　「1983年度全学協議会確認」によると、次のように自主財源確保について確認されている（「全学協議会確認事項等資料集」立命館百年史編纂室編P.62）

　　　「収入・財源政策は、私学の現状においては学費が中心にならざるをえないが、学費の上昇は、父母・学生の生活条件・勉学条件に深刻な影響を与えることから、①公費助成の推進、②寄付金・学債など学園の社会的力量に依拠した自主的財源の確保、③財政運営力量の強化による資金運用収益などの自主財源確保の努力を積極的にすすめなければならない。」

3　「教学創造こそ財政政策」の論理とは、次のような論理をいう。学園・教学創造による教育研究とその資源の拡充が新たに社会とのかかわりや教育研究ネットワークを生み出し、そのかかわりやネットワークによって新たな教育研究活動や成果が生み出される。そして、その成果が、次の社会とのかかわりや教育研究ネットワークを生み出し、あるいは拡充し、また資金や資源として学園に「還流」し、次の発展の力となっていく。このような螺旋的な発展構造のことを、「教学創造こそ財政政策」と総称している。

4　「プロジェクト60」の当初のメニューは、研究サービス、共同研究、ハード、寄付、交流、教育の6つの大項目にそって、22の項目が提示されている（「21世紀に先進する第四次長期計画の寄付政策について」第4次長期計画寄付政策事務局長　田中道七（「UNITAS238号」1992年2月号））

5　この間の事情は、田中道七「進化する産学連携」（『まてりあ　第38巻第11号』1999）に詳しい。

（「寄付政策から学園ネットワーク政策へ—プロジェクト60の基本論理」『大学時報』No.260、1998年5月に加筆修正）

第7章 立命館アジア太平洋大学

―― 本格的な国際大学の誕生

今村正治

はじめに

これまでの日本にない新しい本格的な国際大学、立命館アジア太平洋大学（APU）について、私自身の7年間の経験をふまえて、説明しようと思う。

1997年10月、立命館大学学生課から新大学開設事務局に異動を命ぜられ、衣笠キャンパスで開学の準備実務を担当していた。1999年4月に別府に赴任してからは、開設準備課で、教学、学生募集以外のこと、つまり学生生活や、施設、地元対策など全般を担当した。2000年4月、開学してからは、学生部・スチューデントオフィス課長として1年、2年目以降は事務局次長として、学生部業務に加えて入試業務も担当することになった。2005年度からは、2課となった学生部を中心に担当している。

I 国際化のベンチマークとしてのAPU

2005年7月、JAFSA（国際教育交流協議会）のサマーセミナーで、APUをテーマにしたワークショップを丸一日受け持った。このセミナーには入管法、異文化交流、留学指導、留学生カウンセリングなど、いくつかのセッション、ワークショップが用意されてはいるが、APUのように個別の大学をテーマとしたワークショップが行われたというのは初めてではなかったかと思う。それだけAPUが大きな注目を集めているということだろう。韓国の大学からの参加もあったが、韓国の教育界におけるAPUの知名度は比較的高い。

2005年、上海で開催されたアジア学長会議で、韓国のある大学の総長が、

モンテ・カセムAPU学長の話を聴き、なんとその2週間後には総長自らAPUを訪れ、詳細な調査を行った。当時その大学はAPUと同じ大学をつくろうと考えていたようだ。大変興味深いのは、その大学がAPU成功の理由を3つあげていたことだ。一つめは、アドバイザリー・コミッティという財界・官界など多様な分野による応援団の存在。二つめは、大分県、別府市との大型公私協力。三つ目は、立命館というブランド。この3つがあってこそAPUは成功したのだと。しかも、その3つを韓国で満たすのは困難、つまり韓国ではAPUのような大学はつくれないと結論付けた。その大学は、APUと協力をするなかで、大学の国際化を進めていくことになろう。JAFSAと韓国の大学、これらのエピソードからAPUが国際大学の標準、ベンチマークとしての存在になってきたことを実感する。その成果を確認しつつ、責任もまたかみしめる必要がある。

II　好きなことしかしない大学職員？

　みなさんの中に、「あいつは好きなことしかしない」と言われたことのある人はいるだろうか？　逆に、みなさんの周りに、「あいつはいいな、好きなことばかりして」と思う同僚はいるだろうか？　要するに、仕事人には、好きなことをしていると思われている人と、同僚のことを好きなことをしていいなと思っている人の二つのパターンがある。

　どうやら、私は好きなことをしていると思われる側に属しているようだ。自分としては、人事異動に文句を言ったことは一度もないし、この仕事はしたくないとか言ったことはないつもりである。しかし、「いつでも好きなことをしていいな」、「好きなことばかりするからだめだ」とか言われるのである。このことと関わって、最近、『留学生アドバイザーという仕事』という本を再読していておもしろい文章を見つけた。ちなみにこの本は、アメリカの大学で長年留学生アドバイザーに従事していた職員が書いた名著である。必ずしも留学生アドバイザーに限定せず、「大学職員という仕事」と置き換えて読んでも十分通用する本である。この本の中で、「留学アドバイザーに求められる

スキル」という章がある。コミュニケーション能力、事務管理能力、教育と研修、カウンセリング、自己管理という項目をあげてスキルについて述べているわけだが、「事務管理能力」の項目に「好きなことしかしない人」が登場する。

> 官僚型組織に対して常に建設的な姿勢で臨むというのは、徹底しすぎない姿勢を取ることだといえるかもしれません。徹底しすぎない姿勢とは、いわば、まじめであると同時に、まじめすぎないということです。まじめさが足りないと——やらなくてはならないと思ったことだけやり、やりたいときにやりたいようにやる態度——「気まぐれ大砲」（判断力や常識を欠いた予測不可能な人間）という汚名を頂戴することになってしまいます。「気まぐれ大砲」は、組織の同僚から、疑いの眼で見られ、ひどい場合は恐怖心さえ抱かれかねません。そんな人は、たとえ良いアイデアを出しても、誰からも賛同が得られないでしょう。また誰に対しても何の影響力も持ち得ないでしょう。（ゲーリー・アルセン著『留学生アドバイザーという仕事』東海大学出版会　p137）

　本人は主観的には、好きなことしかしないなどとは思ってもいない、大事だと思ったことだけをしているつもりなのだ。ところが、事務組織というのは、定例の会議をしたり、稟議の決済をとったり、提案を通すために飽きるほど議論し、何度も同じ説明をしないといけないとか、事務組織を動かすための「まじめさ」を求める。だから主として飛び回っている人は、「まじめ」な人からみれば、好きなことしかしていないように思えるのであろう。私にはどうやら「まじめさ」が足りないのだ。事務組織に対する理解が浅いのだと反省している。

　ところが、APU開学前後の仕事というのは、頼ることのできる経験が皆無、しかも即時解決を迫る課題があまりにも多かった。なかなか簡単には片づかない。そもそも事務組織は、ルールと固有の組織風土によって動いていくのであるが、嵐のようなAPU開学前後の段階では、組織にのみ頼っていたので

は、問題は速やかに解決しない。だから、片っ端からこれと思う課題に没頭してやりきってしまう、そのためには一時、他を忘却するということも多々あったように思う。「好きなことしかしない」と言われてもそんな言葉が耳にも入らない、まさに視野狭窄状態であった。冷静に自己の仕事を考察すれば、「気まぐれ大砲」連発という状況だったかもしれない。しかし、だからこそ「まじめさ」の延長線上ではできなかったこともできたという面もあるように思う。大学職員のキャリアとして、一度は、何かに取りつかれたように仕事をしたという経験はとても貴重なものだと思う。

ところで、大分トリニータというＪ１のサッカーチームがある。このチームのGMを溝畑という人が務めている。この人は、もともと国の官僚として、大分県庁に来て、APUの誘致、ワールドカップ大分開催、大分トリニータの結成からＪ１昇格など次々にユニークな仕事を手がけた辣腕の人だが、彼がこんなことを言うのである。「今村さん、APUにはクレージーが何人いる？ 10人いたら何でもできるよ」と。元来、大分県ではサッカーの土壌は決して豊かなものではなかった。にもかかわらず、ワールドカップを大分で開催し、その時期に合わせて大分トリニータをＪ１に昇格させるという無謀ともいえる計画を断行した。当時、溝畑氏に対する批判、それは非常に厳しいものであった。しかし彼はまさに取りつかれたように行動し、初戦の観客動員たった５人というチームを、今やコンスタントに２万人を軽く超える観客を集めるチームにまで成長させた。この成果から、溝畑氏は、日常の組織運営の延長線上ではない特別な課題をやり遂げるには、好きなことしかしない＝大事なことしかしないというようなクレージーな人間が10人は必要であるというのだが、どうだろう。

III 小さな地球・APUの大きな意義

さて、APUの話しである。外でAPUについて講師を依頼されると「湯のまちの山の上の小さな地球創世記」というテーマをよく使った。「湯のまち」、これはいうまでもなく世界でも有数の温泉地・別府のこと。「山の上」とは、APU

の立地のこと。眼下に別府湾を眺め、学生・教職員がこよなく愛する山の上のキャンパスである。ちなみに、APUの学生たちはいつの頃からか、APUを「天空キャンパス」と言うようになり、学園祭は「天空祭」と命名されている。「小さな地球」とは、学生の約半数が世界75の国・地域から参集しており、そのキャンパスはまさに小さな地球ともいえるコミュニティーになっている意味である。有史以来、人間が住まなかった場所に、大いなる志をもって、山を拓き、谷を埋め、キャンパスをつくり、寮をつくった。旧約聖書からとった「創世記」という言葉に、壮大なプロジェクトとしての意味を込めたのである。

IV 多文化多言語キャンパス

1 国際学生募集

(1) 「正規学生で400人」というコンセプトの大胆さ

　最近、秋田の国際教養大学、あるいは関西外国語大学、南山大学など日本における国際大学として高い水準と知名度を持つ大学の調査に出かける機会があった。そこで改めて実感したことは、日本の国際大学、国際学生が多いと思われている大学は、正規の留学生より交換留学生受け入れが主流だということである。半年か一年、交換留学生を受け入れることと、4年間学ぶ正規学生を集めることに、決定的な違いがあるということに、どれほどの立命館の教職員が気づいていたのか、大いに疑問である。むしろ、そのことの意味を知らなかったからAPUはできたのではないかとさえ思える。他大学は、よくもまあ正規の学生で留学生を400人集めるなんて考えたものだ、本当に正規学生の募集と受け入れの困難さがわかっているのかと思っていたであろう。だから、もし、APUの学生募集コンセプトが交換留学生で400人集めようというものであったら、われわれの仕事内容は、かなり違ったものになっていたのではないかと思う。

(2) 英語基準募集が導いた「留学生国際市場」

　これまでの日本の大学の留学生募集は、大半は日本あるいは現地の日本語学校から出願者を受け入れるという方法をとってきている。つまり大学で勉学できる日本語能力を大前提にしている。多くの大学では日本語などの問題から正規留学生は積極的に受け入れたい存在ではなかったのではないか。そういうなかでAPUは、英語または日本語、どちらかの基準言語を学生に選択させて出願できる方法をとった。つまり日本語がまったくできなくても、日本に留学できるという募集方式に乗り出したのである。このことは募集のみならず、APUの教学、学生生活を大きく左右する、まさに決定的判断であったと思う。事実、日本語能力を持たない学生を受け入れるというのは、大変なことであり、まさに想像を絶することだった。

　APUは、英語基準による学生募集を行ったことで、これまで日本の大学がかかわることのなかった「留学生国際市場」に足を踏み入れることになった。前述のように、これまで日本の大学は、海外での学生募集といっても日本語学校経由中心であった。ただでさえ少ない日本語学習人口の中から、日本留学希望者を対象に募集しているのである。しかし、APUは英語でも入学できるわけだから、そもそも「市場」が違う。むしろ競争相手は日本の大学ではなく、オーストラリア、アメリカあるいはシンガポールなど海外の英語圏の大学になってくる。

　例えば、MBAの入学募集のためのワールドツアーが行われている。世界各国の大学の入試担当者たちが集まって、大規模な説明会をやっているのである。プレゼンテーション、広告、グッズすべてにおいてしのぎを削る場である。私も、台北、ソウルで開催された説明会に参加したことがあるが、世界の大学の入試担当者のプロフェッショナルとしての懸命な仕事ぶりを目の当たりにして、日本の大学のなんと牧歌的なことかと思い知らされることになった。海外の大学との争奪戦はなにも説明会においてだけではなく、高校現場においても具体的に展開されている。APUの入試担当者は、当初このような状況に十分な準備もなく突入し、募集を行ってきた。新人職員でさえ、たったひとりでいきなり、インドへ、スリランカへと送り出す。もちろん大き

な成果をあげてきたという自負もあるが、無駄な回り道もたくさんさせられたし、失敗も山ほどある。日本の大学がはじめて本格的に挑んだ、留学生募集、その教訓には無限のものがある。

(3) 国際情勢の影響を絶えず克服

APUの学生募集活動は、現地行動を基本にしている。当然、国際情勢の影響を直接受けることになる。例えば反日運動、今年(2005年)の春以降も上海、北京などで学生募集活動や現地面接を継続するかどうかについての判断を迫られることになった。最近、韓国のAPUに非常に好意的な学校で説明会を行ったのだが、事前に先生が父母と生徒を集め「竹島問題」は言わないようにと釘をさしてくれていた。それでもひとりの生徒が「独島(竹島)は私たちの領土だ」と言いながら退席した。まさにそういう状況に直面しながら仕事をしているのである。あるいは感染病、鳥インフルエンザ、SARSなどの影響で、2003年の学生募集は、台湾、中国、ベトナムでは最悪の状態になった。また、9.11のテロの影響もあった。ケニアでの行動は、現地アメリカ大使館の警告を参考に中止した。そういうこともあって、絶えず国際情勢を意識していなければならない。募集や教学、学生生活に直接影響を及ぼすからである。情勢に敏感に対応し、正確に情報を集め、対応方針を迅速に持つ。国際情勢がAPUを鍛えてくれたともいえよう。

(4) ネットワークを最大に活かした学生募集

APUの募集ルートは様々であるが、最も大きなルートが高校など教育機関との推薦入学協定によるものである。韓国には100を超える協定校があり、全体では約450の協定締結機関を持っている。開学前からコツコツ積み上げてきたAPUの財産である。この協定関係は特に韓国、中国、台湾など近隣の国・地域において有効である。

また、最近増えているのがインターネットによる募集広報と出願である。APUが参入しているシステムでは、インターネットを使って、検定料までカードで支払うことが可能である。このシステムによって、現地募集の困難な

遠隔地域、ヨーロッパやアフリカからの出願が増えることになった。

　海外オフィスはソウル、ジャカルタ、上海、台北に開設し、現地スタッフを配置している。韓国のプサンにブランチを置くという計画もある。受験生、学生、父母へのケア、高校との関係強化を日常的に追求できることから、また今後は卒業生の組織化という点からも、重要拠点地域においては海外オフィスの役割はいっそう重要である。この海外オフィスを立ち上げ機能させるという仕事にかかわって思うことは、やはりネットワークの大切さである。海外では、どんな人に巡り会えたかということで仕事が決定的に変わってしまう。運もある、あるいはギブアンドテイクということもあるけれど、やはり自分たちの仕事のあり様にいかに共感してもらうかということが基本だと思う。ソウルのオフィスには、現在4人の韓国人スタッフが働いているが、日本人職員がいなくても非常に熱心にやっていることが、現地の高校関係者の間で評判になっている。上海、ジャカルタのスタッフも同様である。彼らに任せられるオフィスをつくってきたというのが、非常に大きいのだが、そこには何よりAPUというプロジェクトへの共感があり、それを基礎にした信頼関係がある。現地駐在員を置かないで海外オフィスをもっている日本企業というのは、聞いたことがない。

　われわれは現地ではあくまでも外国人だから、現地の活動水準においてその国・地域の人々を超えることはできない。だから、成否はナビゲートしてくれる人をどう発掘し、強いネットワークを結べるかにかかっている。無理難題に遭遇したとき、あるいは日本の価値観では理解できない問題が発生したとき、単純に日本の原則をふりかざしはねつけていては、いい結果は生まれない。現地の人々の意見に耳を傾けながら、APUの利益を損なわないように問題を整理し判断を下す、海外において求められる重要な能力といえるであろう。

　もちろんAPUの学生募集において、英語での募集ということは成功要因ではあるが、何といっても厳しい経済状況に抗して奨学金を確保しえたことは、きわめて重要な前提条件である。APU開学事業の志の高さを象徴的に表現しているのが、アドバイザリー・コミッティであり、その存在の大きさゆえに、

奨学金を確保することができた。今後は、海外へもACを広げていくことが求められている。2004年の行動で、タイや台湾の有力財界人に新たにACに就任いただいている。

　APUは、2006年からの改革「ニューチャレンジ」の成功に向けて、100カ国・地域・毎年600人という新たな留学生募集の目標を掲げている。そのためには、これまでの募集方法のみに頼らず、優良なエージェントとの提携、海外の知識人などの入試アドバイザーによる海外募集実務委託（スクーリングコミッティー）方式など、それぞれの国・地域において有効な方針を構想している。

　さらに、インドネシア・アルイザール高校でのAPUコース設置などの成果もあるが、今後とも国際的高大連携の強化、提携校づくりにも積極的に取り組む必要がある。

2　国際学生のケア

　開学前、APUができれば、キャンパスでも町でもトラブルが頻発するだろうと言われた。文化・価値観・宗教の違いから学生同士あるいは市民との衝突に発展することや、不法就労など外国人特有の問題が発生することが危惧されていた。

　もちろん、学生を取り締まることや管理することがわれわれ本来の仕事ではない。むしろ、学生が日本社会というある種特異な国際的環境にうまく適応し、安心して学び生活できるように援助することが本来の仕事であろう。そのため、大学だけでなく、自治体や警察など地元とも協力しながら、情報提供、オリエンテーション、カウンセリングルームなど相談体制の整備に取り組んできた。

　現在のAPUは、私の立命館大学学生課長時代の経験に比しても、深刻なこと、凶悪なことが日々起こるような状況ではまったくない。開学前の危惧は杞憂に終わったと結論づけてもいい。何より、世界中、日本全国から集まる学生の質が良い。たとえ市民に迷惑をかけることがあっても、むしろ先方から「とてもいい学生さんですので」と言われ、円満に解決できたことの方が多かった。そして、APUに対する期待と信頼のもと、地元の理解と協力を得

られたことが大きい。市民の皆さんも国際学生との共生に慣れてきた。12万の小さな町、お年寄りの多い町に、突如、学生が住み始め、しかも2,000人が外国人というのだから、はじめの頃は衝撃は大きかったはずだ。開学前、「まるで黒船が来るようだ」「外国人と暮らすのはGHQ以来だ」「ホームステイさせたら年金を盗んでいかれる」などの市民の声があったことが、今では懐かしく感じられる。

それでもトラブルは起こる。国際学生がからむものは、対応に膨大な時間がかかることが多い。交通問題、住宅問題など件数も多い。よく考えてみると、国内学生では対応の必要がないトラブルが多い。なぜなら国際学生には、父母など保証人が日本にいないからだ。国内学生の場合、学生同士、市民とのトラブル、警察や病院との関係も、場合によっては大学が知らないうちに直接父母が乗り出して解決することも多い。しかし、国際学生については些細なものから深刻なものまでトラブルのほとんどを、大学のスタッフが親代わりで対応しているということになるのだ。スタッフを疲弊させているのは、本来大学として教育的援助の観点から対応すべきトラブルではなかったのである。これについては、立命館大学学生課で自分が積んできた経験が、かえってマイナスになったのである。どんなトラブルでも学生課が解決しなければならないという使命感にしばられていた。そこで、今後は発想を変え、交通問題や住宅問題などはできる限り専門家に対応を委ねる方向を検討したい。このことによって、職員の負担を軽減し、本来の教育的な指導援助に専念できるようになることを期待したい。

3 「成長のゆりかご」APハウス

キャンパス内にある巨大国際寮・APハウスは、大半の国際学生が日本での生活体験を持たず英語基準で入学してくるために、寮で日本語や日本文化を学びながら、学生生活や市民生活に適応してもらうために設置された施設である。このAPハウスが、学生募集に果たした役割はきわめて大きい。開学年に「APハウス1」をつくったときには、収容能力の限界から国際学生中心の寮にならざるをえなかったが、翌年秋に「APハウス2」をつくり、国内学生

の入寮を促進し、国際交流寮としての役割ももつようになった。

　以来、APハウスは、留学生受け入れのための寮から、異文化間コミュニケーション能力や言語能力を身につけることのできる国際寮に成長してきたと思う。APハウスの生活現場で日常を統括しているのは、学生であるレジデントアシスタント(RA)である。国際学生、国内学生半々で構成されているRAたちは、創意工夫をこらして、様々な創造的プログラムを開発してきた。新入寮生の受け入れからオリエンテーション、交流プログラムやごみの分別学習などのビデオ作成など市民生活適応プログラムなど非常に意味のある取り組みである。

　昨年夏の学生生活アンケートのなかで、APハウス生とAPハウスに住んでいない国内学生を比較したところ、学習時間、言語能力の伸長度、課外活動の参加状況のいずれにおいても、APハウス生に顕著な積極性が認められた。

　ただ、巨大国際寮の管理運営上の問題としては、多くの課題を残している。春秋年2回の入学・卒業制度は、寮からみれば年2回の大幅な入れ替えをともなうものである。寮費のきちんとした徴収や、空室を生じさせない高いレベルの管理システムの構築が必要である。早急に改善しなければならない。

　APハウスのこれまでの歩みは、成果も反省も含め、日本の高等教育における学寮政策に一石を投じることができるほどの大きな教訓を生み出したと思っている。留学生は専用寮、国内学生寮は廃止という日本の大学がとる方針の傾向に対して、われわれはこれまでの実践を通して、国際学生と国内学生が寮で生活をともにすることで、国際交流や言語能力にとって大きなプラスになるというだけではなく、広くは両者の連帯感を醸成し、人間的成長にもつながる巨大な教育的意義があると考えている。

4　多文化共生社会への扉を開けた進路・就職支援

　APUでは毎年、就職を希望する国際学生が100%近く採用されている。このことは、少し大げさかもしれないが、多文化共生社会日本への扉を開けた快挙だと思う。日本の大学の歴史において、かくも国際学生が大量に、かつ高いレベルで就職をしていった大学はAPU以外にないと断言できる。

出入国管理法・難民認定法という厚い壁は、そもそも外国人は、専門的技能や知識が相当日本社会に役立つのでなければ就労者として受け入れないという前提に立っている。つまり、経済を勉強した国際学生が観光分野に就職をするというのはダメだというのが、これまでの政府の考え方なのである。しかし、APUはこの厚い壁を突破した。教育システムと学生生活、学園トップをはじめとする教職員の努力、企業側の理解、そして何より学生自身の高い能力が、就労ビザ100％発給に結実している。このことは、今後の企業や社会の文化や大学における国際学生のあり方に、非常に大きな教訓を生み出したといえる。

今後は、日本企業のみならず現地の海外法人へ進出させていく、あるいは入学した学生を対象に企業主催で4年間の人材育成のための「産学連携人材育成プログラム」などを行うことが課題である。

5　日本語と英語──二言語教育・キャンパス公用語

APUでは、日英二言語教育を教育システムの環に置いているが、この二言語はまたキャンパスの公用語でもある。今年から、言語インスティテュートを立ち上げて、国内学生の英語能力、国際学生の日本語能力のレベルアップに本格的に力を入れることになった。

ここでは、「仕事言語」としての日英二言語について触れる。これがなかなか大変である。大学運営会議など主な会議は、日英二言語で行われている。このような会議には、文書はすべて英語に翻訳しなければならない。とてもめんどうなことではあるが、いろいろな副産物もある。何よりも文書が簡潔になる。APUの立場から立命館大学の文書を見ると、なかにはまるで研究論文のようなものもある。そういうものは翻訳に手間取るから、APUでは英文化しない。また、会議参加者は、通訳者を意識してクリアに話すことが求められる。言葉をていねいにゆっくり話すという訓練にはなる。もちろん掲示、出版物もすべて日英二言語。各職場には外国語の専門職を置き、「ネイティブチェック」を受けている。ただ、一対一の学生面接は、英語ができない職員にとっては非常にもどかしいものだ。通訳を脇においてやることになるのだ

が、気持ちがうまく伝わらないということがある。このときは通訳を意識せず、相手の顔を見て、気持ちを込めて話すことが重要だということを学んだ。

しかしいくら日英でのコミュニケーションを条件面で整備しても、それだけではうまくいかないことがわかった。学生は柔軟なので、さまざまな問題があっても異文化コミュニケーションの障害を何とか克服していくことができる。むしろ一番大変なのは大人たち、教員であろう。学生の事件・事故の処理をめぐっても、文化や価値観の違いが如実にでてくる。まるで裁判の過程であるかのごとくとらえるのか、教育的指導としてとらえるのかなどだ。異文化コミュニケーションの進展には、自文化優越主義から異文化相対主義へのプロセスがあり、これを学ぶのがまさに国際大学なのだが、何がスタンダードかという点で互いに譲らないままで、相互理解にはたどり着けないことも多い。スタンダードといっても自分の国のものが最高で、結局、イギリスのもの、アメリカのものであることが多いにもかかわらずそれらが国際大学のスタンダードであるべきだと主張されるのである。求められているのは、自分の基準にこだわらずAPUのスタンダードをつくり上げていくことだと思う。

このような状況から見れば、「暗黙の了解」という文化がどれほどたくさんの仕事を処理しているのかがわかる。APUは、合意、契約あるいは約束というものを、ときにはあきあきするほどの議論を経過しながらひとつひとつ積みあげていく途上にある。

V 大型公私協力、地域貢献・地域連携

1 県政・市政批判の渦に巻き込まれた開学前夜

ここで、キャンパスの外に話を転じよう。APUの開学は2000年、日韓ワールドカップ開催が2002年、前述の大分トリニータは2002年にＪ１昇格をめざしていた(実際の昇格は一年遅れの2003年になった)。APU、ワールドカップと大分トリニータは間違いなく大分県の目玉事業であった。私が別府に赴任したのは1999年の春、まさに開学前夜。てっきり大歓迎されると思っていたのだが、

実際は全然違っていた。当時、一般の県民、市民にはAPU開学事業に対して、消極的、否定的な反応が多かった。考えてみれば、その年は翌年春に、大分県知事選挙、別府市長選挙を控えていて、APUが県政、市政批判の渦に巻き込まれたと言えないこともない。とにかくAPUにも、日韓ワールドカップにも、大分トリニータにも冷たい風が吹いていた。今、この３つの事業を悪く言う県民、市民にはほとんどお目にかかることはできないのだが。しかし、なかには当時から、APUは大分、別府の未来にどうしても必要だと支援してくれる方々もたくさんいた。そういう方々といっしょに、APUへの理解と協力を広げていった。地元の記者などマスコミとの付き合いは特に重視するようにした。当時から賛成、反対の両論併記的な報道ではなく、「プラスマイナスすれば絶対プラス」と応援の立場を根底に滲ませて報道してくれるマスコミがとてもありがたかった。

　APUに対する世論が大きく動いたと実感したのは、2000年５月の開学記念式典と開学祭のときであった。別府公園のイベントで、実際に学生たちとはじめて交流することで、県民の不安が期待に変わっていったように思う。例えば、ホームステイを依頼するホストファミリーを開学前から全戸チラシなどで募集したのだが、数十件だった登録数が、開学祭を境に上昇し一気に200軒にまで伸び、現在は400軒にまでなっている。

　厳しい世論のなかで、何より大分県庁、別府市役所のスタッフが、単なる担当の仕事という枠組みを大きく超えて、夢と希望に燃えて、APU開学事業に一生懸命取り組んでくれたことは本当に大きな支えになった。

2　「支援」から「活用」へ——大分県の「革命的転回」

　機会あるごとに宣伝しているのだが、それは大分県の留学生施策の素晴らしさである。これまでの行政の留学生支援の考え方は、「貧しくて遅れた国」から来た留学生に公金を拠出して、できれば親日家にしたい、そして留学が終わればさっさと帰したいという発想である。大分県の場合は、日本で学び生活した以上は、地域の国際化、活性化に役割を果たしてもらおうというもので、「支援」から「活用」への転換である。これは大げさかもしれないが、

革命的なものではないのか。関東あたりにはむしろ留学生を管理抑圧の対象として扱う姿勢が目立つ自治体もあり、これでは留学生は希望が見出せない。このような状況において、大分県政の留学生施策は光り輝いていると思っている。

　大分県の留学生施策については、全国のモデルになるものがたくさんある。全国で最も手厚い住宅保証制度の整備、構造改革特区で認められた公営住宅の留学生への開放、大分国際交流会館の建設などがあげられる。また、グローバルビジネスサポートという、県内の企業が海外ビジネスに取り組むときに、通訳とか翻訳業務に留学生を活用するシステムなど県の産業振興、国際化と留学生を結びつけたような施策を数多く見ることができる。

3　留学生支援に特化した「大学コンソーシアムおおいた」という形

　APU開学を契機として、県、市と大学の取組みが大分県で結実したのが、留学生支援に特化した全国でも珍しいNPO法人「大学コンソーシアムおおいた」の結成である。

　理事長・会長は大分大学だが、事務局長は県から、事務局補佐はAPUから派遣している。このコンソーシアムは県の留学生施策を徐々に継承しているが、現在、いちばん大きな事業は、「アクティブネット」である。まず、学生がインターネットでこの事業に登録する。そして団体や企業は、登録された学生に対してアルバイト、インターンシップから、料理教室、語学教室、イベント参加など情報を提供する仕組みになっている。

　今は、学生は、活動に参加するたびにポイントがたまることになっており、これが県の奨学金の採用のポイントにもなっている。県内各大学ともとてもはりきっていて、登録数では他大学がAPUを追い越す勢いである。

　このコンソーシアム、やがては国内学生も含め全学生を対象とするものにして、単位互換などについても推進していくことが期待されている。

VI APUから大学アドミニストレーターを考える

1 異文化コミュニケーションの思いがけない「効用」

　私はAPUで仕事をするようになってから、国際学生を理解したいと考え、異文化コミュニケーション論の勉強を始めた。今は、現場の経験を活かしてということで、各地で人権を考える、国際化を考えるというテーマで話す機会を与えられることもある。異文化コミュニケーション論をやって、とても面白かった、役に立ったと思うのは、外国人ではなく、人間一般に対する見方が変わったことである。

　なかでも最も考えさせられた命題は、「ほとんどの人間の行動は、合理的である」というものである。つまり、人間の行動はわれわれが理解できない行動ではない、どんな行動でも合理的な根拠があるはずだということなのである。これは、自分の視野や価値観からは理解できない他人の行動を受け止めるうえで、重要な異文化コミュニケーションの考え方なのである。この考え方によると、自分の意に沿わない相手の行動に対しても、よく考えると彼には彼の背景があることが理解できるようになり、あまり腹も立たなくなるというものだ。

　異文化コミュニケーションのエッセンスを簡単に述べると、まず一つ目は、即断しないということ。相手に対して判断を留保し、どんな人間であるのかをゆっくり見定めることである。肌の色も、髪の色も、目の色も、服装も違う相手とのコミュニケーションにおいては、とにかく見かけや言葉、印象だけで相手を評価しないということが決定的に重要である。このことは外国人だけではなく、人間一般とのコミュニケーションにおいても言えることである。

　二つ目は、自分の非言語コミュニケーションを意識することである。いくら雄弁に物事を語っても、人間は、非言語コミュニケーションによって受け取る印象が発信された情報にきわめて大きな影響を与えるということである。つまり表情とか、ジェスチャーとか、服装とか、あるいは話し手と聞き手の関係性などが、ときには言語を圧倒してしまうことがある。例えば、私が講

演に真っ赤な顔をして現れたら、いくら雄弁に論理的に説得力のある話をしても、酒を飲んできただろうと不審に思われ、まともに聞いてもらえないというようなことである。つまり、自分が相手にどう受けとめられているかということを絶えず意識するということなのだ。APUで言えば、いかに英語が堪能でも、自分の全体像が留学生にどのように映っているかを意識しなければいけないということだ。

　三つ目は異文化コミュニケーションの醍醐味ともいえるものだが、相手の非言語コミュニケーションに合わせるということである。例えば、ハグをされたら、それを返すというようなことである。このように、相手の表現に歩み寄ることでコミュニケーションが進むわけである。これが意欲的にできるかできないかということが、国際大学で意欲的に働くための資質ともいえるであろう。だから、単に英語がうまいだけではダメである。コミュニケーションは、言語を超越した面を持っているというのが実感である。

2　筆を動かす仕事から人の心を動かす仕事に

　APUにおける経験から大学アドミニストレーターの仕事を考えてみると、なんといっても情報収集、情報分析能力だと痛感する。あらゆる情報から仕事のヒントを見出すことが必要であるし、そもそもAPUはまだまだ基盤が脆弱で、ネットワークによって支えられている大学だから、情報の収集と分析は特別に重要なジャンルの仕事なのである。

　二つ目はコミュニケーション能力。これは、「好きなことしかしないタイプの人間」にとっては得意科目である。ただ、APUでは常に自分の能力を超えることが求められる。海外から地域まで、受験生、父母から企業や機関の有力者まで、実に幅広い相手とのやり取りに挑まなければならない。そのなかで重要なことは、賛同者を組織することであり、APUへの共感、応援、協力をどれくらいつくれるかということだから、印象良く好感を持たれる態度を維持することが必要である。また、相手の文化や価値観、感情を尊重しながら物事を進めていかなければならない。そのためのコミュニケーション能力である。一対一のコミュニケーション、文章力、多数を相手にするプレゼン

テーション能力、政策提起能力、ネットワーキングをコミュニケーションの範疇に加えるべきであろう。

とくにアジアにおいては、もてるコミュニケーション能力のすべてを傾けて人脈をつくることが、いかに大切であるかということを思い知らされた。望ましい人脈をつくれるアドミニストレーターこそが、大学を生き残らせることができるのではないかと思うこともある。人脈は生き物であり、つくっただけで放置していたら死んでしまう。常にこまめなアフターケアが大事なのだ。この点で十分な訓練を受けていない大学アドミニストレーターは、多くを外から学ぶ必要がある。学生募集であちこちに出向いていても、与えられた時間をしっかり自己管理しながら、OBや有力者への訪問などネットワークを意識した適切な行動を行う。こういうコミュニケーション能力を、私はAPUの経験で勉強できたと思う。

三つ目は事務管理能力である。これは「好きなことしかしないタイプの人間」は苦手なのだが、組織としての意思決定は事務を通して行われる。そして、組織の運動化を図ることから決定を実行へと移せるわけである。だからもちろん事務管理能力はAPUにおいても必要なのだが、ただAPUの場合、通常の事務管理能力に加えて、日英二言語の問題だとか、「暗黙の了解」に無意識に頼っていないか、想像を超えるリアクションがないかなどを絶えず確認しながら進めることが要求されたように思う。

これからの大学アドミニスレーターは、筆を動かす仕事から人を動かす仕事に、つまり共感してもらえる仕事に転換していくのではないかというのがAPUの7年間に感じた点である。

3　世界の隅々にまで広がるネットワークの構築をめざして

今後の目標として、多文化多言語環境のキャンパスが学生の発達におよぼす影響について、長年学生部に関係してきたものとしても研究したいと思っている。これまで、日本人学生の留学先はほとんどが欧米であった。日本人にとって国際性とは欧米で学ぶものであった。ところがAPUは違う。欧米よりも発展途上国の学生が圧倒的多数を占めている。大学生活の目標が同じ自

立であったとしても、豊かな国の学生はせいぜい「親からの自立」であるのに対して、発展途上国の学生は「切実なサバイバルのための自立」であり、その内実はかなり違ったものなのかもしれない。だからこそ、APUという環境で得られるものには無限のものがあるのだ。そういうなかで、学生がどのように育つのか。どうすれば育つのか。今の日本の学生をどれだけ変えられるのか。あるいはもっと広く先進国の学生をどれだけ変えられるのか。APUは実に大きなテーマを与えられていると思う。「学生発達センター」をつくりたいという問題意識はまさにここに起因している。一人ひとりの学生に成長と自立のための処方箋を示すことのできるAPUをつくりたいと考えている。

　また、今後の展開としては、学生のネットワークを国際ネットワークに展開していきたいと考えている。口の悪いAPUサポーターから「APUマフィア」をつくるべしとの激励をもらったことがあるが、まさに大事なことは、いかに卒業生を組織し、母校に貢献してもらうシステムをつくりあげるかである。世界中に立命館、APUに貢献したいという卒業生をつくり、ゆくゆくは彼らが入学者をリクルートし、奨学金を集め、就職のめんどうをみるという構造をつくることである。これをめざして努力することが、立命館学園にとって無限の財産になると思うし、その営みはもう始まっているのだ。

質疑応答

Q1 APハウスが、アジアのみならず様々な学生が集う場になっている。これを利用して、外部の学生、社会人などが宿泊あるいはセミナーに使えるようなプログラムの構想などがあれば、教えてください。

A1 APハウスには、100人程度を収容できるセミナーハウスが設置されています。このセミナーハウスを利用して、APUの学生たちがゼミナール活動やサークル活動で利用していますが、最近は学外の利用も多くなっています。APUでは、キャンパスに実際に滞在しながら学ぶプログラムを重視しています。異文化体験、

言語研修など多種多様な国内外の高校生の活動、ときには小学生のキャンプに使われています。また立命館大学の課外活動団体のAPUとの交流や、中国の自治体メンバーの研修にも使われています。今後は、サマーセッションやスプリングセッションを利用したプログラムを充実させたいと考えておりますし、帰省した学生の居室を利用することを検討しています。

> **Q2** 国際学生の活動について、スポーツなどで活躍していることなどを教えてください。

A2 APUはどうしても勉強する大学というイメージが強いのですが、課外活動にも力を入れているし、APUらしいユニークな活動も生まれています。

スポーツでは、開学のときから女子陸上の長距離・駅伝を重点強化種目に指定しています。女子駅伝には外国人学生枠という制限がありません。ですから国際学生と国内学生がいっしょにがんばれる種目、大学関係者、県民、市民のみなさんにテレビの前で応援してもらえる種目というので、強化に踏み出しました。APUは九州では駅伝種目で最も強いチームになったのですが、全国レベルではまだ入賞したことがないので、できるだけ早く達成したいと考えています。嬉しいこととしては、今年、ケニアから来ている学生が、5000メートルで全国制覇したことです。今は第二の重点強化を考えていまして、球技系にも力を入れようとしています。

他のサークルは、勉強が大変だといって、毎日活動しないのですよ。それでも100を超える団体が活動しています。国際学生も入ってやっています。伝統芸能系がとても活発ですね。沖縄のエイサー、神楽、和太鼓、サムルノリという韓国の伝統芸能などの団体が活発です。また、インドネシア・スマトラ沖地震を契機に生まれた運動「愛の波」など、アジア太平洋地域の困難な現実に立ち向かおうという活動も展開されています。

> **Q3** 教職員の話を聞きたいのですが。日本人と外国人、専門的な分野もあるけれど、どちらかといえば、何でもやれるという人が求められているように感じます。どういうことがアイデンティティになっているのですか。

A 3　APUで働いている教職員の誰もが、APUの学生とキャンパスを愛しているのは間違いのないところです。ただそれぞれの理想の国際大学像が十分にすり合わさっていないことや、小規模大学という条件面での制約から、お互いに「こんなものではないはず」というストレスは強いと思います。高い理想と現実とのギャップ、それを埋める闘いにどのように参加するのかで、スタンスの違いが見られます。

　事務組織のことでいうと、開学前から一気に立ち上げたということから、職員の年齢構成が横並びの状態になっていまして、ほぼ20代から30代にかたまっています。人的にも職場に経験が蓄積されていないことが、職員の成長阻害のひとつになっています。

　その彼らが、アドミッションズでいえば、いきなり担当の国と地域を割り当てられて、走り廻っている。学生部でいえば、一人が奨学金担当、誰々は何担当という具合に、新人から「一人親方」ですから、なかなか職場の風土を醸成していくような状況ではないのです。

　ただ、このような中で、外国人スタッフの存在は、非常に刺激になっていると思います。彼らは、翻訳・通訳という枠を打ち破って、職場の様々なジャンルに進出しています。交流事業やホームステイなど市民窓口や国際学生の事件・事故の対応は、外国人スタッフがやったほうがいいのではないかと考えています。また、アドミッションズでつくっている海外向けのビデオやパンフレットについても、従来なら日本語をつくってから翻訳するのですが、APUでは彼らの提言を受けて、外国語のものははじめから外国語でつくるようにしました。ビデオでは映像だけ先に撮って、原稿はそれぞれの外国語で同時に作成するという方式にしています。非常に現地の感覚にピタッとくるものができているようです。

Q 5　立命館大学での働き方との違いで、大きいと感じるものは何ですか。

A 5　一番大きいのは危機意識の問題ですね。立命館大学で働くことと、APUで働くことの決定的な違いは、大げさすぎるかもしれないですが、大学がつぶれてしまうかもしれないという意識の有無ですね。開学して間もない、歴史も伝統もなく、また注目されているとはいえ評価が安定しているわけではないから、ひと

つの判断ミス、トラブルが致命的なことになると、常に思っています。もしつぶれたら、世界中から日本中から集まった学生はどうなるのか、アドバイザリー・コミッティはどうなるのか、立命館そのものの信用はどうなるのか、そんなことまでも考えることがあります。SARS患者がAPハウスに出れば…偏差値が急落したら…など、大学をつぶす要因はいつでも潜在的に潜んでいて、その芽をどう迅速に、的確に摘んでいくかです。ここまでの緊張感は、立命館大学で働いているときにはなかったですね。

　まあこういう危機管理面以外でも、緊張感はいたるところにあります。多数の外国人教員との関係、何を起こすか予測しがたい国際学生の行動、「暗黙の了解」を共有できない経験の浅いスタッフとの仕事などなどです。今、逆に立命館大学で仕事をすることがあればいろんなことを感じるんだろうなと思います。APUから立命館大学に帰って仕事しているスタッフに聞くと、手続きに何倍もの時間がかかるなどの感想が返ってきます。小さい組織、そのうえ早く対応しようと身構えていますから、動きは立命館大学より早いのだろうなと思います。しかし、そのことが必ずしもスタッフの成長に結びついているともいえない。先を見すえて、ある程度余裕をもって仕事をこなすということができていませんから、マネジメントを含む本当の実力がついているとはまだ言えないと思います。

Q6　他校から学ぶことも多いかと思いますし、また立命館とAPUとの関係で交流を考えていかなくてはならないのではないかとも思います。何か工夫があれば聞かせてください。

A6　この5年間はもっぱら学ばれる側としての立場が多かったのです。とにかく見学はすごく多かった。国立私立問わず、海外からも。韓国は特に熱心で、一度に20人のスタッフを派遣してくる大学もありますからね。本当に徹底して研究しています。その点からみれば、立命館大学はAPUについてあまり熱心に研究をしていないのかなと思います。また、APUのほうから国内外の他大学を集中して学ぶということも少なかった。

　これからのAPUと立命館大学との関係は、交流を質量とも飛躍的に向上させなければならないと思います。例えば、教学関係では立命館大学の多数の先生をAPU

との兼任にして、APUにどんどん出向いて授業をしてもらう。学生交流も、1000人というように数値目標を決めて取り組む。両大学のカリキュラムのなかに、相互にキャンパスで学ぶシステム組み込んでしまう必要があると思っています。現在の両大学の交換留学の枠も50名くらいでは間に合いません。また立命館の付属校からの入学は、毎年数十名規模なのです。ほんとうは100名くらい来てほしいのですが。このことについても付属高校内にはじめからAPU進学コースをつくるとか、抜本的措置が必要ですね。考えみれば、インドネシアにもAPU進学コースがあるのに、付属校になぜできないのでしょう？

　課外活動でも、学園祭に相互に「指定席」をつくって交流をするとか、両大学の学生部間で検討しています。

第8章 「大学コンソーシアム京都」の実験

―― 全国初の大学と地域の連携事業

森島朋三

はじめに

　本章では、全国初、最大規模の大学コンソーシアム京都の成立経過、理念、事業を学ぶことを通じて地域社会と大学の連携、大学間連携の今後の課題について考える。

I 「大学コンソーシアム京都」成立までの経過

1 「大学コンソーシアム京都」成立の社会的背景

　「大学コンソーシアム京都」成立を整理をすると、大きく2つの要因があるとみることができる。

　一つは、1984年頃から始まった京都市内大学の市外移転を契機とするものである。周知のように、1980年代の半ばから90年代の初頭にかけてわが国では史上稀に見るバブル景気に沸いた。地方都市は、生涯学習熱の高まりとともに、都市の活性化を目指して大学の誘致を積極的に展開した。文部省(当時)も工場等制限法を根拠に、政令指定都市を中心に大都市における大学設置を原則抑制とした。また、京都市では歴史的環境の保全のために全国でもっとも厳しい規制を行っている。京都地域においては、1986年に同志社大学、同志社女子大学が田辺町(現在、京田辺市)に田辺キャンパスを開設した。1987年には、平安女学院短期大学が大阪府高槻市に移転した。同年成安女子短期大学も京都府長岡京市に移転した。龍谷大学は1989年に滋賀県大津市に埋工学部と社会学部を併設する瀬田キャンパスを開設した(1996年には、国際文化学部を

開設、現在は3学部)。立命館大学は1994年に同県草津市に理工学部を移転させ、1998年には経済学部、経営学部も移転した。それ以外にも多くの大学の京都市外への移転、開設が続くことになるが、1990年代後半には京都大学の一部が市外移転することが報道され(結果は市内西京区桂坂に移転することになるが)、世論が沸騰した。

　もう一つの要因は、社会的要請に大学がどのように対応するか、学齢人口の急減期を目前に控え、これにどのように備えるかという問題である。折りしも大学審議会答申が出され、そのなかで、大学設置基準の大綱化が謳われた。大学改革推進に向けた設置基準の規制緩和がそのねらいである。具体的には、単位制を厳密にする一方で、教養教育や専門教育、語学、体育等4年間(短期大学では2年間)で修得すべき単位制限をとりはらい、原則として124単位の内訳はすべて各教授会で定めてよいこととされた。

　京都では、私学助成の増額運動を出発点とした京滋地区私立大学学長懇談会(以下、学長懇という)が講演会を開催し、大学と地域行政の関係、新たな大学教育のあり方をテーマにしていた。こうしたなかで、京都市の助役などが、大学と地域・京都市の関係について新たな連携を模索する提案を行っていた。

2　京都市大学振興策確立と大学連携思想の揺籃

(1)　「大学のまち・京都21プラン」の策定

　京都市では、このような状況のもと、1992年に「京都の大学の現状と動向に関する」調査研究を行い、大学、研究者、学生に対して、京都の都市特性をそれぞれの観点から明らかにした。翌年、この調査研究をもとに、京都市としての大学振興策である「大学のまち・京都21プラン」(以下、プランという)を策定し、キャンパスプラザ京都(京都市・大学のまち交流センター)開設に至る政策を立案した。

　プランの中核を貫く理論は、大学都市としての活性化を目指し、大学間のコンソーシアム形成、地域社会と大学の連携(広義の意味の産官学連携)にある。具体的施策には、「大学経営基盤及び大学間の連携強化」「教育研究活動の充実」「学生生活環境の充実」「地域研究の推進」「地域における生涯学習・リカレン

ト教育の推進」「地域との連携強化」「地元企業との連携強化」「国際化への対応」等が盛り込まれ、その実行の多くは後述する「大学コンソーシアム京都」に委ねられた。プランは、地域行政が高等教育との連携を模索したわが国で初めてといってもよい取り組みであり、全国的にも高い評価を得た。

(2) 「京都・大学センター」の発足

　京都市のプラン策定とほぼ同時に、市内の各大学側では具体的な連携事業開始に向けて「京都・大学センター」発足の作業にとりかかることになった。当初、大学側でこうした大学連携の研究をすすめていたのは、京都私立大学教職員組合連合が中心となる高等教育研究会である。高等教育研究会は、必ずしも高等教育の研究者の組織ではなく、新たな時代の大学改革に関心の高い京都の教職員の研究組織である。高等教育研究会は、先の京都市のプラン策定にも深く関与し、こうした見地から、学長懇や個別大学長にも働きかけを行い、「京都・大学センター」の発足準備を推進した。

　「京都・大学センター」づくりの中心となったのは、同志社大学長岩山太次郎氏、立命館総長大南正瑛氏、龍谷大学学長信楽峻麿氏、大谷大学学長寺川俊昭氏らである。1993年7月には、「京都・大学センター」発足のための準備組織「京都・大学センター設立推進会議」(以下、推進会議)を発足し、具体的な事業準備も協議された。推進会議には、京都のすべての公立・私立の大学・短期大学が結集し、具体事業について各種委員会を設置して順次実施に向けて検討が開始された。この際、国立大学からは会費の費用負担が困難とのことで、オブザーバー参加が申し入れられた。

　こうした準備を経て、1994年の2月には全国初の28大学・短期大学による大学間包括単位互換協定が締結され、さらに、3月には正式に「京都・大学センター」が発足した。そして4月には単位互換がスタートしたのである。

II 「大学コンソーシアム京都」の理念・組織運営

1 「大学コンソーシアム京都」の成立－地域社会との連携による大学改革の推進

　1994年に発足した「京都・大学センター」が「財団法人大学コンソーシアム京都」（以下「大学コンソーシアム京都」という）になるまで4年の時間を費やした。当初から大学コンソーシアム京都は、事業運営の安定性、「大学間交流センター（仮称）」の管理運営、そして社会的責任等の理由から財団法人とするべく計画していた。財団法人としての基本財産は1億円とし、主務官庁は文部科学省（旧文部省）である。財団法人設立にあたっては、事業内容が京都府内にとどまるものではなく、また高等教育に関わる事業を中心とすることが理由で主務官庁を文部科学省としたのである。一般的に文部科学省を主務官庁とする財団法人は1億円程度で設立することは稀であり、また大学コンソーシアムという考え方自体当時は新しい発想であったため、先述したように設置許可に4年の歳月を要した。

2 「財団法人大学コンソーシアム京都」の設立理念と組織運営

(1) 「財団法人大学コンソーシアム京都」が目指すもの－設立趣意書より

　「大学コンソーシアム京都」の設立趣意書には、本財団のあり様を以下のように規定している。

　「……京都は大学が多数集積しており、歴史的にも大学都市として発展し、学術研究・文化芸術活動等を通じて、大学と地域社会及び産業界の繋がりや大学相互の結びつきが育まれている。……大学教育に対する社会の期待や学生ニーズの多様化にさらに対応していくためには、大学、地域社会及び産業界との連携や大学相互の結びつきをより一層深めていくことが必要。……大学コンソーシアム京都は、……大学と地域社会及び産業界の連携を強めるとともに大学相互の結びつきを深め、教育研究のさらなる向上とその成果の地域社会・産業界への還元を図る……」

このように、「大学コンソーシアム京都」は、①歴史的な学術文化都市・京都の中核的存在であること、②大学改革を地域社会との連携を通じて推進すること、③京都での改革を通じて、わが国全体の大学改革に貢献すること、をその本旨にしている。

　これらの点を少し、踏み込んで考えてみたい。京都は歴史的に「学術文化都市」「学生のまち」等と言われる。大学が多数立地するという京都の都市特性を規定する表現である。大学が多数立地するだけであっても、それ自体が醸し出す学術的、若者的雰囲気が京都文化と相俟って、全国から学生を惹きつける魅力をもった。学生運動が高揚した頃は、京都は学生文化の先進地であった。また、京都大学や立命館、同志社のもつ高い研究水準や東京とは異なる自由な学風は、世界に冠たる研究を醸成させるのに十分な環境を持ちえたのである。しかし、今や、歴史的な余韻だけで「学術文化都市」「学生のまち」を維持することは困難である。少子高齢化は京都の大学、とりわけ、短大の経営環境を悪化させている。定員割れをしていない短大は稀であるといっても過言ではない。4年制大学でも、京都市以外の地域にある大学は厳しい状況にある。

　そのように考えると、まさに「大学コンソーシアム京都」は、直接的な経営支援は困難であるとしても、別の形で京都の大学を相互支援する役割をもつ必要がある。問題は、その具体化の方法である。京都の学術ブランドを創出する方法、大学連携による相互の新しい付加価値を創出する方法、連携によって直接的な学生確保事業を推進する方法、外部資金を確保する方法等である。大学間の連携による新たな価値創出こそ、大学の厳しい環境を突破するひとつの方法である。その結果として、大学間の相互支援を行うことになる。

　さらに、もうひとつ考えておきたいことは、大学と社会の関係である。大学のステークホルダーは学生であるここは今も昔も変わらない。しかし、京都という町にあって、大学は町（市民（町衆）、産業界（企業））に支えられてきたことの意味を深く考慮すべきである。言い換えれば、京都という町にとって、大学は知的インフラであるということである。そして、大学は町との相

互の関係で成立しているのである。

　米国の大学では、ランドグラントユニバーシティという考え方がある。直訳すれば「土地付与大学」ということにでもなろう。これは、州民が土地を出しあって、大学をつくったということであるが、京都では、府民から直接的な土地の持ち出しがあったということはないが、客観的に見て物心両面の支援を得ていることは間違いない。今後もまさにそうした支援を受けることになる。このように考えれば、京都の大学が市民や企業への知的な支援を組織的に実施することを考えるべきではないだろうか。全国の他の地域にはない、地域社会と連携した知的共同体を形成し、教育、研究を通じた交流事業を実施するという考え方であり、そうした中で「大学コンソーシアム京都」はその中核的役割を果たさなければならない。

　これら2つの考えは、わが国の他の都市では考えられないものであろうと思われる。東京一極集中が進むなか、学術文化においては、京都はそれとは異なる文化創造を大学と町が共同してすすめるという考えをもちたい。グローバリゼーションが進む時代にこそ、京都の特性を重要な価値観として大切にしたい。

(2) 「大学コンソーシアム京都」の組織・財政運営

　「大学コンソーシアム京都」は財団法人でありながら、産官学各機関が参加する事実上の社団的組織の性格も有している。こうした組織の場合、組織運営の整合性をはかりどのようにすすめるか非常に難しい問題もある。大学といっても成り立ちも違えば、学生数も教職員数も大きく異なる。負担の平等性をどのように担保するか、難しい問題である。そうしたなかで、財団法人への中心的な参加組織として、京都市が参加したことは大きな意義がある。バランスを重視すると運営がポジティブにならない。かといって、それを欠くと不満がでる。こうしたなかで、組織運営には相当な苦心が必要であったが、一応、以下のような形態を確立した。

　まず、理事会には京都における産官学から大学学長、京都市副市長（地方公務員法では助役）、京都主要企業の会長らが参画した。さらに評議員には理事で

はないすべての参画する大学、経済団体等の学長、会長らが名前を連ねた。加えて、加盟する全大学では副学長・教務部長など実質的な大学幹部らが中心となる運営委員会を設置して強力な"実施運営部隊"を組織した。「大学コンソーシアム京都」の事務局は、加盟各大学及び京都市からの出向職員体制を敷き、有能でパワフルな若手職員を多数配置した。近年、各地で大学コンソーシアムが成立しつつあるが、事務組織まで設置されて運営されているものはない。「大学コンソーシアム京都」は企画運営については、事務局が各事業について原案を整備し、事業ごとに設置される各種委員会の討議を経て、運営委員会、理事会と手続きを経て全体に提案される仕組みとなっている。

一方、財政は、基本財産運用収入、会費収入、事業収入、委託事業収入を主な項目とする歳入、事業ごとの支出構造というきわめて簡明な財政運用をはかっている。現在予算総額は約5億円程度であるが、収入の主な費目は、会費収入（維持会員学生数×1,000円）、国、京都市等からの委託事業収入である。財団法人であるが、社団的性格をもつ。

また、経済産業省、厚生労働省、京都市・京都府の各局・各部、外郭団体から委託事業やパイロットプロジェクトを受託した。もちろん、キャンパスプラザ（京都市建設による大学交流施設）の管理運営も京都市からの受託事業である。大学連合組織は、京都の各大学の優位性を有効に連携させ、事業を実施してきたが、それに京都市や市民は期待をしたのである。大学側からすれば、大学単独で実施しにくい課題や、先行実施事業を大学連合で実施しておいて、その実施いかんを見極めて、各大学で実施するという役割もあった。

III 「大学コンソーシアム京都」の事業計画の基本的な枠組み

事業計画の基本的枠組みと事業計画内容

「大学コンソーシアム京都」では、毎年理事会により事業計画が策定されるので、年度ごとに内容は異なるが、事業計画の基本的枠組みは以下のとおりである。

(1) 大学教育事業
　①単位互換
　　大学間単位互換包括協定にもとづく、互換授業のコーディネート
　②シティーカレッジ
　　単位互換授業を社会人に開放し、正式な単位認定をはかるもの(京都市委託事業)
　③学生支援教育プログラム提供事業
　　大学連携課外学習講座(従来の各大学持ち出し事業)等の開講
　④リメディアルプログラム提供事業
　　大学教育における補習教育
(2) エクステンション事業
　「プラザカレッジ」の充実
　　大学だけでなく地域社会、伝統文化との連携により、京都学分野を中心に高度でかつ体系的な学習プログラムの開設を検討する。実施にあたっては、「学術コンソーシアム」との有機的連携をはかり、豊かな科目群を構築する。
(3) 高大連携事業
　大学間連携による共同事業
　　大学間連携による対外的共同広報、高大連携協議会(仮称)の設置、修学旅行生の大学への受入等を行う。
(4) 国際化に関わる支援事業
　「京都地域留学生住宅保証機構」の事務局機能の役割を果たす。
(5) 大学政策・大学研究事業
　①大学政策動向の収集・発信
　　変化する国(文部科学省、経済産業省、厚生労働省、総務省等)や関係機関・団体等の大学政策動向を機敏に把握し、加盟各大学への発信を行う。
　②FD(ファカルティ・ディベロップメント)、SD(スタッフ・ディベロップメント)事業
　　大学教授法研究と大学マネジメントに関する研究活動を進める。

(6) 共同研究事業

学術文化都市・京都の新たな創造に向けて、学術コンソーシアム事業の充実とともに委託研究等の運営制度・体制を明確化し共同研究事業を推進する。また、研究成果や京都における知的資源の発信を強化する。

①共同研究事業

②京都市シンクタンク事業（京都市からの委託事業）

③学術コンソーシアム事業

　「京都学」を中心とした研究活動・研究交流（シンポジウム）活動を実施

④大学図書館の連携事業

⑤研究者データベースの更新・充実

(7) 情報発信・交流事業

①大学情報等の発信

②デジタルアーカイブ推進事業

③遠隔講義研究・交流事業

(8) 産官学連携事業

①「学生ベンチャースタートアップスクール」の新設（経産省・京都市からの委託事業）

②「京都起業家学校」の充実（経産省・京都市からの委託事業）

③インターンシップ（中小企業庁からの補助事業）

(9) リエゾンオフィスの設置

　「大学コンソーシアム京都」の産官学連携事業、研究事業、教育事業等に関する社会的な総合窓口を開設する。基本的な機能としては、国の政策動向の把握、社会的資金確保、大学研究者・研究機関等の情報収集及び受託研究等の事務局的役割を果たす。

(10) 学生交流事業

　京都の学生（情報）交流、自主的な活動の交流を支援する。

①京都学生フェスティバル

②京都学生映画祭

③芸術系大学学生作品展

(11) 施設経営・管理運営事業

　キャンパスプラザ京都の積極的な利用促進をはかる。

Ⅳ 「大学コンソーシアム京都」の今後の課題－大学職員にとって

　最後に、「大学コンソーシアム京都」の推進力の重要なひとつである職員力について触れておきたい。「大学コンソーシアム京都」の場合、大学における教授会組織にあたるものはない。それゆえ、教授会組織に代わるものとすれば、各事業のプロジェクト（委員会）であろう。プロジェクトは、各大学から委員が派遣され、課題実現のために検討をすすめるのである。しかし、問題はプロジェクトにどのような事務局原案を提出できるかが、たいへん重要である。要するに、事務局の力量が試されるのである。

　大学職員は、成長段階にもよるが、調査能力、企画立案能力、事務執行能力、交渉能力、そして人を動かすという意味で、マネジメント力量が求められる。「大学コンソーシアム京都」では、そのどれもが求められる。また、大学のように伝統がないだけに、比較的自由に課題設定し、企画を立案できる。そのように考えると、「大学コンソーシアム京都」は「生きた職員の学校」と言ってもよいと思う。これから、大学運営（経営）は競争的環境にあって、厳しい時代を迎える。すなわち、変化（激動）の時代を迎える。そうなれば、様々な経験をした大学職員が必要であり、「大学コンソーシアム京都」での出向経験は貴重な体験といえる。

　ポジティブシンキングでかつ行動力ある職員、多様なネットワークをもつ職員が必要なのである。この意味で、立命館大学で開始された大学行政研究・研修センターへの期待は大である。その際に、こうした「大学コンソーシアム京都」のような組織で学べる経験をどのように理論化しうるかにも期待したい。

質疑応答

Q1 立命館では、今、みんながやりたいことを語り、それを実行に移していくという環境がうすれているのではと不安ですが、それについて、どう思われますか？

それと、立命館に戻られて、小学校をつくることに関わってこられましたが、どういう思いでやってきたのか、聞かせてください。

A1 私が思いますのは、2つ理由があります。

ひとつは、厳しい環境にあるという現実です。15年前くらいの立命館であれば見えていなかったものが、今は見えるようになってきた。あるいは、15年前の立命館であれば、入れないような世界に入れるようになってきた。つまりステージが変わってきたのです。だから、そのステージの最後尾につくか、あるいは、もとのステージにもどるか、そういうギリギリの位置に、立命館が来ていると思います。立命館が大学経営モデルを必死で変えようとしている。これがひとつです。

二つ目は、歴史的に立命館を引っ張ってきたリーダーが、世代交代の時期を迎えている、と思います。私が「大学コンソーシアム京都」出向時代に見てきた他私学の現状からも、学園トップの見識や経営力量は決定的に重要です。立命館学園は経営モデルを必死に創ろうとしているのが現状です。この研修もそのひとつですね。こうした動きに空白をつくってはダメだと思っています。空白をつくると落ちていきます。だから必死になって、どうしようか、と日夜考えていく必要があります。

小学校への熱い思いということですが、「大学コンソーシアム京都」の事務局長を、2003年度の年度末までやっていました。2004年の学校法人立命館の新年の集いに参加して、総長が今年度中に小学校を創ると言うのを聞きました。

その後、立命館に帰ってくることになって、小学校を担当することになったのですが、立命館小学校には基本コンセプトがなかったのです。それで、調査企画課のメンバーと話し合い、立命館の最大の特色は何かと考えました。建学の精神を現代の小学校に生かすとはどういうことかと考えました。建学の精神の「自由

と清新」、教学理念の「平和と民主主義」、これをそのまま語っていてもだめで、私は、立命館の小学生は「わんぱく」でないとダメではないかと思いました。立命館は、やはり「先取の精神」だと思ったのです。それを小学校にアレンジし、私学らしく表現すると、「元気な子ども、わんぱくな子ども」だと。どろんこになって、日が暮れるまで外で元気に遊び回る。そして、全国のどこを探しても世界に誇れるのは、京都にあるということ。京都の風土にも学びながら、日本のなかの京都、そして立命館にしかできない学校をつくろうと考えました。

Q2 「大学コンソーシアム京都」の学びフォーラムの話、とても興味深くお聞きしました。その仕掛けなど、立命館の東京戦略に役立つのではないかと。

A2 立命館の東京戦略に役立つかどうかわかりませんが、イベントへの参加者を募るために高校訪問をしました。千葉県の房総半島から都内の高校も回りました。そのとき「京都のイメージ」はどんなものか、と聞きました。進路指導の先生方が言われるのは、修学旅行の思い出です。寺院、鴨川など、130万人も住んでいる街なのに、あれだけ綺麗な川が街の真ん中を流れていて、ゆりかもめが飛んでいて、東京や首都圏とは基本的に違う。文化の香りのする街で、子どもたちを学ばせてやりたい、という思いがあることを感じました。

しかし、お金がかかる。修学旅行で引率したり、自分が行ったという先生方はたくさんおられます。いわゆる、潜在的京都ファンはとても多いので、この潜在的な京都ファンにどのようにヒットするのか。そのことに、ものすごく気持ちを砕きました。

もうひとつ、やはり京都大学は人気があります。

それは、学問の気風が東大とは違うのです。そういうものに触れたいと思っている人が多い。その学問の気風を訴えることが大事だと思いました。

三つ目は、京都の大学にしかない分野、これは全国のどこかにあっても、京都にしかない分野に憧れて京都にやってくる学生はいるということです。この3つくらいではないでしょうか。東京戦略に役立つかどうかわかりませんが、特色としてあげるのであれば、この3つだと思います。

> **Q3** 京都大学と立命館では、研究関係、研究周辺環境などでは、とてもかなわないというのがあります。総合大学としての立命館は、どのような戦略をもてばいいのかについて、お考えを聞かせてください。

A3 京都大学の理工系の研究者は2,000人あまりです。立命館が約250人。約十倍の規模ですよね。科研費も十倍近い差があるようです。そういう数値のある現状で、規模において勝ち目はありません。だから、立命館は戦略的に研究課題を設定しなければなりません。そろそろ第3期の科学技術基本計画がでますね。6月くらいに原案が出て、今年度中に決まるでしょう。

　日本が世界的に、どういう分野でリードしていくかという科学技術戦略が出るわけです。そうすると、みながその分野を研究しはじめるでしょう。それで遅れるとダメなわけです。もうひとつ、立命館大学でぜひとも進めていきたい研究分野の構築が重要です。

　世の中がどう動こうとも、建学の精神「平和と民主主義」から、平和研究は欠かせません。伝統的に特色を持って進めてきた土木・建築・防災分野等です。日本全体、世界全体の研究動向を追いかけながら、その一方で立命館独自の研究テーマを追いかけていかないといけない。そういう厳しさがあります。

　国立大学は、潤沢な資金を得て、基礎研究をやって、どれか当たるだろうと。彼ら自身が日本のスタンダードを創っていく。われわれは、彼らが創ったスタンダードの上で、やっていけるかどうか。その差があります。そこで何を考えるか、といえば、立命館では重点化です。

　京都市の行政文書で、京大ばかりが出てくるというのは、間違いだと思います。いろいろな大学の関係者が参加しますし、他大学の先生方もたくさん名前を連ねています。先日、京都新聞に発表されたなかにも、「大学コンソーシアム京都」が大阪市立大学の橋爪先生を座長に報告書を出したりしています。京都市が行政政策に関するシンクタンクをつくってほしいという依頼をしていて、これは、立命館の政策科学部の先生方も深く関わっていますし、立命館、同志社が主導で動いているものもあります。そういう点では、私学も十分個性を活かして、行政にアプライするようなこともやっていけると思います。

Q4 今後の大学コンソーシアムの方向性と役割について、聞かせてください。

A4 全国各地に大学コンソーシアムはあります。例えば、八王子地域は京都以上に大学がたくさんある都市です。また大阪にもそういうものを創ろうという動きがあります。奈良にもあります。大学コンソーシアム連合というのを去年、つくりました。佐々木立命館大学前副総長を中心に。そういう意味で、大学コンソーシアム間の連携を図ろうと考えています。しかし、プログラム数、財政、社会的信用力において、京都の大学コンソーシアムが最も大きいです。何よりも財団法人という法人格をもっているというのが。しかも、文部科学省の法人格をもっています。GPなどを取る、インターンシップに関しても今回GPが二次審査までいったと聞いていますが、そういう意味での信用力が大きいと思うのです。高校の進路指導の先生方ならばGPなどを知っている、あるいはCOEにも詳しい。だから、こういうことが京都の大学の価値を高めていますね。京都の教育の全体の価値を高めています。「大学コンソーシアム京都」は、そういう役割を果たしています。

今後の展開ですが、事務局長当時、私が考えていたことは、「大学コンソーシアム京都」で、教育プログラムのアウトソーシングの機構をシステム化できないかということです。今の段階では、インターシッププログラム、リメディアル教育プログラムなどは、あえて、各大学が自前で持たなくてもいいのではないか、と思ったのです。コンソーシアムに任せてしまえばいいのではないか。

また、例えば、契約職員のみなさんは、立命館を辞めた後、他大学へ行ったりしている例をよく見聞きします。それなら、契約職員の業務基礎研修をまとめて請け負うことができないかと考えました。契約職員は、いま大学職場で重要な役割を果たしているわけでしょう。だったら、彼ら、彼女らの仕事の質は高いほうがいい。そこで、研修を「大学コンソーシアム京都」が引き受ければいいのではないかと。共同したら付加価値を創出するものは、ほかにもいくらでも考えられると思います。

今後は、財団法人として、大学から注文を受けて、業務を創造することができるのではないでしょうか。次の時代のコンソーシアムはそのような方向性が考えられます。

第9章 学園の改革を支えるクレオテック

―― 会社設立から今日まで

国原孝作

はじめに

クレオテックは1993年に設立された。それ以来、紆余曲折しながらも教育産業界において今やその地位を確固たるものとし、大学によって設立された同業他社または国公私学を問わず他の大学からも注目の的となっている。

会社設立後12年目を迎え、立命館学園(以下、「学園」)がなぜクレオテックを設立したのか、その目的は何であったのか、クレオテックはなぜ発展しえたか、またその原動力は何か。その設立趣旨が希薄化し、一部に不理解・誤解に基づくクレオテック批判があることも認識しつつ、ここでは歴史的経過を踏まえながら、記したい。

とはいえクレオテックの企業歴は浅く、その到達点には数々の課題・問題点・弱点があるのも事実である。"強み""弱み"のある「発展途上」、「まだら模様」の企業であることも付言し、学園を支援・改革するクレオテックへの期待・批判・意見をもらいたい。

I クレオテック設立から今日までの歩み

まず最初に、クレオテック誕生から今日までの歴史を、おさらいしておく。クレオテックの社名は、造語で「クリエイティブ・テクノロジー」に由来する。クレオテックは前身の㈱ウエルフェアサービスを発展的に買収し、学園からの出資を受け、1993年6月10日に届け出をし、6月11日に立命館大学平野会館(現本社ビル)に会社が設立された。当時の社員数は4名と若干のパート社

員であった。

1　設立前夜からクレオテック誕生まで

　さて、なぜクレオテックが設立されたのか。設立の趣旨や意義については後述するとして、簡単に経緯を紹介しておく。そのためには、さかのぼって「㈱立命カルチャーバード(仮称)」の設立構想(1993.4.14常任理事会)から説明をしなければならない。「㈱立命カルチャーバード(仮称)」は、「業務委託の見直しと収益事業の展開による収入構造の改善」という学園の方針に基づくプロジェクトの検討から提起されたものである。主な検討課題として、学費依存度の低下をはかる学園財政における収入構造の改善や新たな収入財源の確保、「収益事業」の展開、あるいは収入構造改善の基本政策として、収入・支出構造の見直しなどが挙げられる。また、学園の「人的・知的・物的資源」の活用、教育・研究成果の普及、事務体制スリム化、新たな事業領域への参入など、収支上の課題だけではなく、学園資源の多彩な活用の足がかりとしての位置づけもあった。しかし何より本構想の核心は、2004年9月24日、学校法人立命館川本八郎理事長がクレオテックの北海道事業部の開設記念講演で語った「教職員の意識改革・変革への寄与が最大の目的であった」というところにこそあったのであろう。

　以上の構想を受けて、冒頭に述べたとおり、1993年6月11日に株式会社クレオテックが誕生することとなった。

2　黎明期から学園とともに歩む発展期

(1)　調達業務の「移管」

　次いで1994年12月7日の常任理事会において「クレオテックへの業務移管」が決定され、翌95年4月1日から本格的に事業が始まった。それにともない私自身が学園から出向することとなった。このような背景が、私の経歴と無関係ではないと思われるので、ここで自分について簡単に述べたいと思う。私は新潟の農家の長男に生まれ、立命館大学産業社会学部に入学し、79年に大阪船場の会社・三陽㈱に入社した。丸紅の子会社で、その後社名変更し、

退職時には丸紅テキスタイル㈱となっていた。船場で13年間、いわゆる丁稚生活を送り、その後、立命館に転職した。学内での仕事を2年半経験した後、クレオテックへ出向して今年で11年になる。中途採用の職員として民間企業での経験を活かし、後述する課題の前進に尽力することが、学園から与えられた責務であり、それを達成することが、今の私の職責であり存在意義であると考えている。

さて、クレオテック黎明期の主な事業としては、1994年の理工学部の拡充移転にともなう「BKCキャンパスメンテナンス」の開始、OB・校友向け「立命館ファミリーカード」の発行、その他クレオテックの前身の㈱ウエルフェアサービスの事業継続であった。

設立の背景としては、当時、学園において第4次長期計画後半期事業を完成しつつ、第5次長期計画の検討段階に入っており「収入の右下がり・支出の右上がり」という厳しい財政構造の中で、教学・管理運営・財政の各分野において大胆な発想による見直し・改革の必要性が真摯に議論され抜本的な提起がなされつつあった。

クレオテックへの業務移管は財政における「支出の右上がり」状況の抑制および克服、「合理的・効率的な業務編成と事務体制」「業務の創造性・ゆとりと生産性・経済性・効率性の向上」をめざし、業務としての「一塊」の完結性、大学の自治・教育研究の自由や、自主性・独自性の確保、クレオテックにおける採算性などを目的としていた。

クレオテックの育成・成長による学園のメリットとしては、所期の目的の早期達成、「支出の右上がり」の抑制および克服、学園の提供する人・物・金・情報のクレオテックから付加価値をつけた"環流"、クレオテック出向による職員養成機能 (研修的出向・戦力的出向)、さらにクレオテックへの業務移管による専任職員の政策・立案・判断業務への特化が挙げられた。

(2) 調達業務の「全面移管」

1997年2月26日の常任理事会において、調達業務移管後の2年間を総括・評価し、さらなる改革の前進を推進すべく「㈱クレオテックへの調達業務の全

面移管」が決定された。全面移管は、「仕事をなくすこと＝最大の合理化」を合言葉に、調達業務における予算管理機能の強化、調達業務の合理化・効率化の前進、経常経費の抑制、事務体制の合理化・スリム化、「新」管理課体制業務の重点としての管財業務とアメニティー創造、管理経費圧縮、新しい職員像としての科学性と専門性の追求と、コスト分析と経済性計算などの力量形成の課題を推進するものとして提起された。そして、移管を判断する業務では「情報関連業務」「図書館関連業務」「生涯学習事業対応」などがあげられた。こうしてクレオテックは次第に広範で多岐にわたるミッションを学園から提起され、そのフィールドを広げていく。その後、クレオテックは、業務移管にとどまらず、「外販展開」や「新たな事業領域の創造」など、学園業務以外の分野にもその事業を広げていった。

3　クレオテックの現況

　さて、現在のクレオテックの役員構成についてだが、社長は本センターの専任研究員をも担っている伊藤昭であり、高取、杉山と私の4名が常勤取締役である。非常勤取締役は川本理事長他2名がいる。監査役に出口財務企画課長があたっている。以上のメンバーが取締役会を構成している。

　かつて4名だった社員数は今ではパート社員を含め280人を超えている。学園からの各種業務のアウトソーシングが増加し、また事業領域の拡大にともない順次補強してきたことによる。特に今年度からライブラリー関係の受託業務を拡大し、昨年からスタートした人材派遣業務も本格化し、BKCキャンパスにおける自前での清掃業務の実施により一気に社員数が増加した。

　売上の推移も見ておきたい。初年度である93年度は売上1億円、翌94年は4億円であった。95年の調達業務移管以降飛躍的に売上げが増加し、年度によって増減はあるが順調に推移している。2003年度には93億円、昨年度が75億円(経常利益7,600万円、純利益4,800万円。内訳は、キャンパス総合事業部関係34億円、本社事業部関係41億円)となっており、全社的には現状70～75億円というあたりが安定的に確保された売上かと思われる。ちなみに2003年度の売上が突出している理由は、情報理工学部の設置にともなう機器備品の売上が約20億円あ

ったことによる。

　以上、おおまかなクレオテック誕生から今日までの足跡を振り返ってみた。次からは個別な課題やテーマについて、ひとつひとつ検証していく。

II　クレオテック発展の原動力

1　設立趣旨とクレオテックのミッション

(1)　クレオテック設立趣旨の理解・徹底

　学園がクレオテックを設立した趣旨はいくつかのキーワードとして表現されているが、その「共通言語」は私学においては永遠の課題である"学費の重み"をいかに認識し、普段の業務に反映していくのかにつきるのではないかと思われる。私学における帰属収入に占める学生生徒納付金比率の高さはここで述べるまでもないが、学園においても約74％（2004年度）に達している。われわれクレオテックの業務（特に調達分野）は学園財政に直結するだけに、業務にあたっては常に"学費の重み"を意識してあたらなければならない。またそのための努力を惜しんではならない。その趣旨を幹部社員はいうまでもなく、現場で働いている社員の隅々まで徹底していくことが肝要であり、私自身もそのことを深く認識しつつ、各種会議・研修会・日常業務等で常にその視点を忘れないよう努力し、社員にもことあるごとに力説している。

(2)　ミッションの具体化にあたって

　クレオテックに与えられたミッションは、学園によって設立された会社として大きな優位性をもっているが、一方ではかなりの困難性・制約が存在することも事実である。一般の民間企業であれば、定款に定められた範囲でコンプライアンスを遵守し、会社理念実現のため営業活動を展開する。その企業行動を通じて社会貢献を果たし、ステークホルダーへ還元していくことが通常であろう。クレオテックの場合も、前提は一般企業と同様であるが、常に「立命館が設立した会社」として、学園にとっての有為性・効果を確認しつつ、「クレオテックにとってはどうなのか」「クレオテックとしてとるべき行

動指針なのか」という二面を常に考えながら、事業創造・業務遂行にあたらなければならない。また調達業務の「移管」を受けた会社として、学園の「一組織・一部門」としての性格を合わせ持つことも、他の企業との大きな相違点である。もちろん民間企業でも親会社・子会社は存在するが、だからといって常に親会社のことを考えて子会社の人間が働いているかというと私自身の経験からもそんなことはなく、この点は一般民間企業との大きな相違点である。学園とクレオテックとの「win-winの関係」をつくりあげることは、非常に困難な課題である。この点こそが、クレオテックの特質であると考えている。

(3) 業務に当たっての企業としての「PDCA」、個人としての「MPAH」

一般に言われる企業の「PDCA」はよく知られているが、「MPAH」という言葉はあまり聞きなれないのではないか。実は私が勝手に作った言葉なのである。数年前からいかに働くべきかを考えていく中で「仕事を創る、仕事を楽しむ」というテーマで講演を依頼されたときに創った造語である。「MPAH」は「ミッション、パッション、アクション、そして人間性(ヒューマニティ)」の略である。仕事をする以上、当然ミッション、そして情熱は必要だろう。当然行動もしなければならない。でも一番重要なのは、それを遂行する人間性の問題だろう、ということである。

クレオテックのミッションとは直接関係ないが、「MPAH」はどんな仕事を担当する場合でもポジティブに働こうとするならば必ずや必要とされる要素ではないかと思う。

2 学園の社会的信用とクレオテック独自のネットワーク形成

(1) 学園の社会的信用とクレオテック

次に、学園の社会的信用とクレオテック独自のネットワーク形成について述べたい。学園の社会的信用については今さらここで言及する必要もない。クレオテックはその設立当初、かなりの困難を抱えてスタートした。当時、すでにいくつかの大学には、大学が設立した会社が存在していた(特に首都圏)

が、学園から業務移管を受け事業化している会社はほとんどなかったように記憶している。クレオテックへ業務移管方針がなされた当初、学園として当時の発注先（メーカー・問屋・代理店など）・委託先へのていねいな説明が欠けていたため、「立命館から発注はいただいているがクレオテックのことは聞いていない」「学園との関係は？」「何という会社ですか？」等々、立命館の名前が会社の一部についていたら、こんな苦労はしなくてすむのにと思ったこともしばしばあった。ただ、今日のクレオテックの現状を見ると、冠がついていないほうがむしろニュートラルな会社として、他校へ営業展開しやすいということもある。立ち上げ当初、在籍の社員はまず会社説明を行い、取り引きについて合意を得るのにかなりの労力を要した。やや逆説的にはなるが、会社設立趣旨、学園との関係、業務移管を受けた経緯などをていねいに説明することでそれがわれわれの確信となり、また仕入先各社との有効なパートナーシップを確立する基礎となったことも事実である。

(2) クレオテックのネットワーク形成

　さて、今日の高等教育機関を取り巻く状況の変化・深刻化にともない、ここ数年来、他大学においても大学改革・変革の取り組みが急務となっている。そのような状況の中、昨今では各大学とも会社を作ろうという動きが急速に進んでいる。関東はやや先行していたが、このところ関西でも本格化しつつある。

　ここ京都でも、大手私大においていくつかの会社が設立され、あるいは次年度設立予定などという動きが活発になってきている。クレオテックの成長・発展にともない、当社への注目度はかなり高まり、京都だけでなく全国から国公私の大学を問わず調査・研究のための訪問や講演依頼などが相当数に上っている。また会社設立に際し、かなりの協力・無償コンサルを行った会社もいくつか存在する。しかし、なかには「会社さえ作れば利益がでる」と安易に考えている方がいたりするのも事実である。会社を作ることと、収益を上げることは別問題である。とはいえ、会社は増えてきているので、近い将来、大学設立の会社間の研修会・懇談会を組織して、ネットワーク化してい

きたいと考えている。

　次に企業関係の話であるが、クレオテックの業務の特徴は「トータルコーディネート」と「専門性の蓄積・発揮によるより良質かつ低廉な商品・サービスの提供」にある。そのためには、特に仕入先各企業との良好・安定した取り引きが非常に重要である。当社の情報収集・利益確保の根源は、いかにこの関係を高度化し信頼性を向上させていくかにかかっている。また仕入先企業は、学生のインターンシップ先、父母や卒業生の勤務先・就職先、学園への寄付者・協力者でもある。仕入先対応においてはビジネスライクに対応することは当然であるが、多面的かつ総合的に関係を勘案しながら対応しなければならない。

　一部には、企業対応において「物を買ってやる」というスタンスで対応している方も見受けられるが、私は持論として「利の根源は仕入れ先にある」を基本とし、「商品力さえあれば客はついてきてくれる」という観点で仕事をしている。これは私のポリシーでもある。「いや、やはりお客あっての」という考え方もあるが、「鶏と卵」の話しになるので私の個人的見解として理解してもらいたい。

3　業務移管と委託（アウトソーシングに関わって）
(1)　「移管」と「委託」の違い

　アウトソーシングとの関わりでいえば、移管と委託の違いも理解しにくいのではないだろうか。とくに調達業務においては、「移管」ということであり、そのなかで業務を遂行しつつ利益確保をすることは非常に高度かつ困難な側面を合わせ持つ。調達業務におけるベストは何か。これは学園に安く提供し、クレオにも利益がでることである。次にベターは、クレオテックは利益確保できたが、学園提示価格は変わらないという状態で、ワーストは学園への提示額も下がらないし、クレオテックにも利益が出ないことである。この場合は結果的にクレオテックに損金が発生することになる。

　「移管」された調達業務においては、学園業務の一翼を担っているということから、かなりの制約が存在する。クレオテックだけ儲かればいい、とい

うことはありえないし、その判断は間違っている。適正価格の判断基準を何に求めるのか。市場価格・官公庁の入札状況などが参考にはなるが、何よりも学園が直接購入するよりいかに廉価に提供できるかが最大の判断基準になるであろう。残念ながら社内教育が不徹底または未成熟な部分もあり、いまだに「いくら乗せたらいいか」と聞く調達担当者が社内に一部存在することも事実である。「いくら下がったかが重要」、「担当業務・商品のコストパフォーマンス」、「調達移管の趣旨は何だったのか」など、調達担当者に繰り返し検証していく必要がある。

　一方、学園において「委託」は、業務の質・量によって決定される。委託業務の大半は学園においては「物件費」として扱われるが、クレオテックにとってはその費用のほとんどが「人件費」である。委託においては、限られた委託費の中でいかに業務を効率化・合理化し変革していくかが、収益の根源であるということを理解する必要がある。

　契約に基づいた業務仕様を、クレオテックとして深く理解・把握し、機能的かつ合理的な業務推進体制を確立しなければならないと考える。

(2) アウトソーシングの目的と効果

　業務をアウトソーシングする際の最大の目的・効果は何か。すでにクレオテック設立経過の中で述べたが、専任職員の政策・立案・判断業務への特化のために、「仕事をなくし創造性を発揮」することが重要である。まず、アウトソーシングを実行するためには緻密な業務分析・フローの見直しが必要であろう。安易に「クレオさんお願い」ということでは、真のアウトソーシングは実現不可能であり成功しないであろう。自らの業務が専任職員としての給与（職務・職責）に値するのか、業務全体のコストパフォーマンスはどうなのかを、常に検証する必要がある。「私学教職員高賃金論」が問われる昨今、例えば民間企業においても、能力・実績に応じて年収1,000万円、2,000万円という人は多くいる。そういう意味では、大学職員として労働の対価ということを意識し、職務・職責・職能に応じて、自分の給料と担当業務がどうなのかということは、常に認識しなければならない。

一般的にアウトソーシングする場合、コストの削減を一番の目的とするケースが多いが、アウトソーシングした業務の高度化の視点が抜けているように思われる。若干矛盾するが、クレオテックの立場から見ると単にコスト削減への協力ではなく、受託した業務の効率化・合理化は当然であるが、高度化を協同して遂行するための良きパートナーであり続けられねばならないと考えている。これは実は、取締役会で川本理事長にいつも言われていることでもある。「コスト削減を実現しつつ、業務遂行を何とかやっています」と報告すると、「学生は喜んでいるのか、サービスは向上したのか」という問いが返ってくる。「教職員の業務の高度化に貢献できているのか」を逆に問われている。高度化のためのコストは当然必要であり、惜しんではならない。アウトソーシングの費用対効果の視点としてこの点は決して忘れてはならないものと思う。

4　学園との課題の共有化・共同化（出向者の役割）

次に「出向者の役割」という観点で述べる。クレオテックが設立趣旨を踏まえ業務遂行する際、学園課題・改革の方向性について深く認識することが非常に重要になってくる。「とにかく依頼されたから業務を受託した」、「金額的に採算が取れる」ということだけではなく、その業務の課題性・重要性を深く認識・理解することが必要である。またそうでなければ業務スタイルが「ただ黙々と仕事をする」ことになり、問題発見・課題解決の視点が欠落することは目に見えている。

出向者はすべての面においてプロパー社員の模範となることは当然であるが、学園とのパイプ役として、またある時はプロパー社員の代行者として、常にクレオテックの業務遂行において先頭に立たなければならないし、私自身もそれを自らに課してきている。

5　合意形成・意思決定の迅速化

(1)　立命館の改革のスピードは本当に速いのか

学園は「改革のフロントランナー」、「改革のデパート」などと評され、教育

業界について論評された各種ランキングでは常にトップまたは上位にランキングされている。確かに他大学との比較においては各種学園展開・入試改革・行財政改革・産官学連携などなど、いち早く着手し、実行・実現・成功をおさめてきた。

しかしその比較はあくまで教育業界内におけるものであり、社会的存在として俯瞰した場合はどうであろうか。私が転職したときに感じたのはまず「会議が多い」ということだ。ひとつひとつの意思決定を見ても、先送りの傾向があるという印象を拭えない。その原因を聞くと「前例がない」、「規程がない」ということだった。民間企業的にいえば、規程等はそのつどどんどん変えていけばいいし、すぐに変えられないのであれば運用でカバーしていけばいいということになる。設置形態・目的が違うため、即座に実行できないとしても、常にそういうスタンスで仕事に臨む必要はあるだろう。

比較対象にならない各種民間業界と同一に扱うことは、暴論だと思われるかもしれないが、あえて問題提起として理解してもらいたい。

(2) クレオテックにおける合意形成・意思決定

クレオテックにおける会議体は、各部会議、(本社運営会議、キャンパス総合管理事業部会議)、部長会、常務会、取締役会、株主総会と各種あるが、合意形成・意思決定に至るプロセスは実に簡素化されている。部長会での議論・基本方針確認、毎週開催の常務会(常勤取締役会)における全体方針策定・確定、取締役会への上程・承認がなされ、実務レベルへと落とし込んでいく。

学園における合意形成に必要な時間・労力と比べると実に合理的であり、自己責任による迅速・柔軟な対応が可能である。またそのことにより緊急事態対応、学校法人になじまない事案処理、水面下での折衝など、多様かつ多面的な運営が行われていることを、ここに述べておきたい。

6 業務の効率化・合理化・スリム化・専門化と収益確保

(1) 当社の中心業務について

①各種受託業務

すでに述べたが、受託業務に必要な経費の大半は人件費である。可能な限り賃金水準を押さえつつ受託費を低減させることも重要ではあるが、他方では社会的賃金水準を確保しなければならない。そうしなければ、優秀な社員の確保も不可能になってくることは言うまでもない。

受託費の範囲内で社員教育を行い、熟練・専門化（各種有資格者）集団を形成することは並大抵の努力では不可能である。

委託された業務についてクレオテック内部でいかに効率化を図っていくのか、合理的な組織体制・計画的運営を行っていくのか、受託業務における収益確保はこの点に尽きる。

②調達関連業務

クレオテック発展の原動力として移管された業務であり、当社の売上・利益を大きく左右する分野である。調達業務遂行にあたる当社のスタンスはすでに述べたが、委託業務と違い日々の営業努力が直接的に結果となって現れる。

学園が要望する多様な印刷・制作物、消耗品から機器備品、専門的な実験実習機器、セット・発送業務、移転業務、機器保守・サポート業務など非常に多岐に渡っている。本来ならば各業務・取扱商品のエキスパートを配置しなければならないのであろうが、そのためにはかなりの人件費負担となり、調達移管の趣旨からもかけ離れ本末転倒となる。

移管後まず着手した課題は、管理課が行っていた入札方法を改善・見直し、仕入先とのパートナーシップを確立するとともに、仕入先の再構築も行った。調達の一元化にともなうスケールメリットをいかに確保するか、「バイヤー」としての能力（業界・商品・交渉力）をいかに蓄積するか、押し寄せてくる物件調達請求シートを迅速・的確に処理していくか、やや回想風になるが、これらのことが移管直後の課題である。

調達分野におけるクレオテックの一番の優位性は、学園の発展・拡大に伴う「大型」調達案件に顕著に現れた。その対応は特別なプロジェクトチームを編成・組織することなく、仕入先各企業との友好なパートナーシップにより、遺憾なく「トータルコーディネート」能力を発揮し、学園へのトータル

コストの低廉化を実現し、クレオテックの収益にも貢献できたものと確信している。

(2) 当社中心業務におけるいくつかの課題

当社の到達点は先にも述べたとおり、いまだ「まだら模様」である。

順次、体制整備・確立、人的配置を行ってきてはいるものの、多様な業務遂行にあたっての専門的スキルの蓄積や人材確保に若干の弱点を残していると思われる。また急速な業務領域の拡大による社内体制やそれを保証する各種社内規程にも、若干の未整備がある。さらに事業部の点在化による「分散と集中」、「業務レベルの平準化」の課題も、今後早急に修正していく必要があるだろう。

しかしここで特筆したいのは、「営業マインドの欠落」と「顧客満足度」である。売り上げの90％を立命館に依存しているため、待っていても仕事が来る状況にあり、受け身型の営業スタンスになってしまっている。顧客満足度向上のためには「積極・提案型」の営業スタイル確立が急務であると言わざるをえない。

(3) 学園内におけるクレオテック設立趣旨の希薄化・不理解・誤解と収益確保

①学園内におけるクレオテック設立趣旨の希薄化・不理解・誤解

昨今、学園内におけるクレオテックに対する誤解が散見され、昨年からトップ懇談会、部長懇談会、実務者懇談会を定例化して、学園課題とのすり合せを行っている最中である。その中で、例えば懇談会でも要求していることであるが、クレオテックの設立意義の再確認や今日的評価と方向性などについて、まとめられた合意文書がなく、また、クレオテックの学園への貢献について教職員へ周知・徹底も行われていないという事実がある。設立意義の希薄化のため、クレオテック業務が一部停滞・後退する状況さえ生じている。これらのことは、学園の100％子会社としての存在意義を発揮するため早急に整理していく必要があるものと思う。

一方、当社からのアピールももちろん必要である。もっと積極的に成果を

アピールするよう川本理事長からも言われており、そういう意味でのアピール不足は否めないことは十分認識している。そのためには自らの到達点に確信を持ち、大いに議論を深めたい。

② 「クレオテック一業者論」について

　2005年8月、学園は社員が個人保有していた3株を買い取り、5,900万円（累計9,900万円）の増資を実行した。クレオテックは名実ともに学園100%出資の子会社となった。この意味で、クレオテックは、学園の「一部門」あるいは「一組織」として位置づけられるのではないだろうか。一方で「クレオテック一業者論」が存在するのも事実である。確かにクレオテックは今、現在でも圧倒的に売上の大半を学園に依存しているが、学園以外へも販路を拡大し、徐々にではあるが相対的に自立性を高めつつある。しかし、そのことによって「一業者」扱いされることには疑問を感じている。

　今問われることは100%子会社としてのクレオテックと学園の関係を整理し、相互牽制と緊張ある関係とシステムの構築ではないかと思う。現在進行中の議論の核心もこの点にある。

③ 「クレオテックを通すと高くなる論」の誤りと現実

　クレオテックから学園へ販売することによって、当然「中間マージン」が発生する。これが「クレオテックを通すと高くなる論」へと展開される理由ではある。果たしてこれは事実であろうか。クレオテックが調達するコストと学園が直接調達する際の価格差は、大半の場合、歴然とした違いがある。各予算単位が個々に発注する場合とクレオテックがスケールメリットを生かして発注する場合とでは調達コストが異なるのは自明の理であろう。また予算単位担当者の業務に携わる人件費を勘案するならば、その価格差はますます大きくなることを理解していただけるものと思う。

　一方、多様な教職員の中には特化した分野において、当社調達業務担当者よりも優れた調達スキルあるいはネットワークを持った人材が存在するのもまた事実である。その点はクレオテック社員の課題と認識している。ただしその場合でも、当社はノーマージンで処理しているため「高くなる論」は結果として成り立たないはずである。「中間マージン」というのは、学園が調達

するより安く、かつクレオテックの企業努力でそれよりもさらに安くした分の一部分をいうのであって、学園に対して決して「高く売っている」のではないということを理解していただきたい。

④「学園でしか収益を稼いでいない論」について

　クレオテックが学園依存で売上を伸ばしてきた点については紛れもない事実である。これも川本理事長の言葉を借りると「立命館がくしゃみをしたら、クレオテックは肺炎になる」という喩えに象徴されている。しかし売上が伸びれば正比例して利益がついてくるかというと、そういうわけでは決してないのである。利益をいかに確保するかという創意工夫や企業努力が最も重要なのであって、それ自体をクレオテックの到達点として評価してもらってもいいのではないか。単純に学園が大きくなって、売上が伸びたから利益も出るだろうという論理は成り立たないと認識している。

7　各部門の協同による総合的力量

　組織図(図9-1、9-2)でも解かるように、現段階のクレオテックは多様な業種・業態が混在した会社である。本来ならば2～3社程度に分社しても不思議で

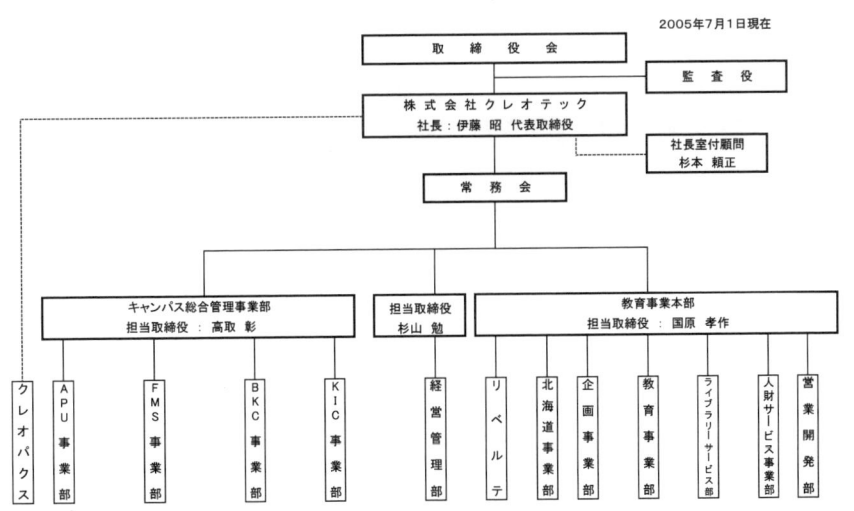

図9-1　2005年度　株式会社クレオテック組織図

（2005年7月1日現在）

```
                    取締役会
                       │──── 監査役
              株式会社クレオテック
              社長：伊藤　昭　代表取締役
                       │──── 社長室付顧問
                       │       杉本　頼正
                     常務会
        ┌──────────────┼──────────────┐
 キャンパス総合管理事業部   担当取締役      教育事業本部
 担当取締役：髙取　彰      杉山　勉       担当取締役：国原　孝作
```

| クレオパクス | APU事業部 | FMS事業部 | BKC事業部 | KIC事業部 | 経営管理部 | リベルテ | 北海道事業部 | 企画事業部 | 教育事業部 | ライブラリーサービス部 | 人財サービス事業部 | 営業開発部 |

図9-2　クレオテック組織図経年表　　2006/3/6

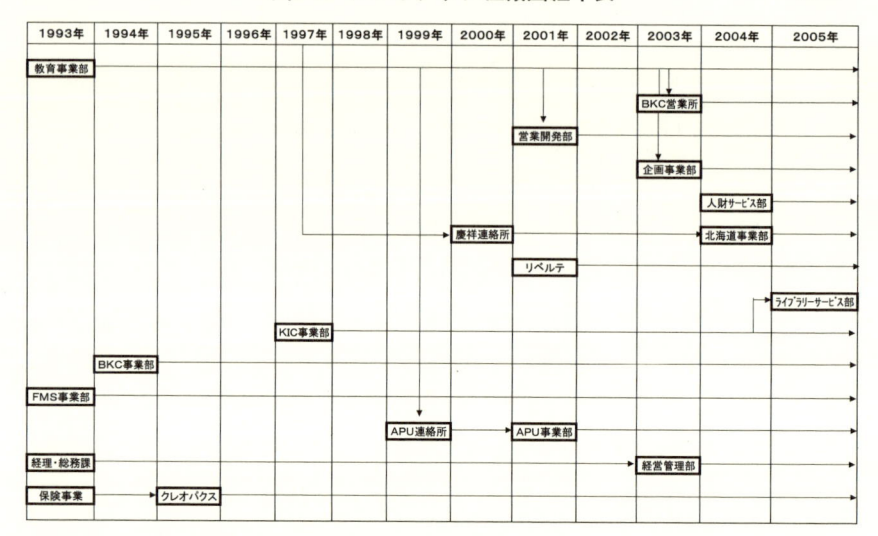

	1993年	1994年	1995年	1996年	1997年	1998年	1999年	2000年	2001年	2002年	2003年	2004年	2005年
	教育事業部												
											BKC営業所		
									営業開発部				
											企画事業部		
												人財サービス部	
							慶祥連絡所				北海道事業部		
									リベルテ				
												ライブラリーサービス部	
					KIC事業部								
		BKC事業部											
	FMS事業部												
							APU連絡所		APU事業部				
	経理・総務課										経営管理部		
	保険事業		クレオパクス										

はないし、その方が合理的であろう。しかし、今日のクレオテックへと成長・発展してきた原動力は、異なった業務を遂行する各部門が協力・共同・調和することによって会社の総合的力量を発揮してきたことによるものと思う。「異業種混在パワー」とも言えよう。立命館が設立した会社として、すべての業務において「クレオテックらしさ」、「クレオテック的には」を共通言語としてきたことが発展の一番の要因ではないかと思う。

　特に外部展開にあたってはその「異業種混在パワー」を遺憾なく発揮しいくつかの成功事例も生まれている。ただし、その「異業種混在」ゆえの矛盾・困難性も内包している。それゆえに各部門の収支・事業展開を総合的に勘案して、分社化を検討しなければならない時期はそう遠くないものと思う。分社化した場合の課題は、クレオテックが現在優位性を保っている総合力をいかに全社的に維持・発展させていくか、その組織体制・合意形成のあり様について相当な議論が必要と思う。

III 学園への具体的貢献と課題

1 数値で見る具体的貢献

(1) 経費削減（専任職員数のみ）

次に学園への貢献と課題について述べていくことにする。実際どのように貢献してきたかということであるが、数値で見る貢献ということでいうと、まず挙げられるのは職員数の減による「経費削減」である。

衣笠キャンパスにおいては、この12年間で、専任職員で27人(旧管理課：学舎管理職員7人、メンテナンス担当職員2人、調達担当職員2人、旧施設課：施設設備関係職員2人、図書館情報サービス課13人)を削減してきたことになる。BKCについては、クレオテックがキャンパス管理のかなりの部分を担うことにより、移転当初から総合管理センター・管理課分室5人のみの職員体制を実現した。APUでは開設当初からキャンパス管理職員を全く配置しないで体制を作り上げてきている。キャンパスの成り立ちが違うため、一概には言えないが、衣笠キャンパスで削減可能となった職員に換算すると、BKC・APUにおいても合わせて約10人の削減ができたものと仮定できる。

(2) 直接的な財政貢献

直接的な財政貢献については、利益配当8,368万円、奨学寄付金2億4,758万円をはじめ、野球部合宿所などの地代・家賃、出向職員人件費戻入、学園の要請に応えた出資等を含めると、累計でおよそ10億円超に上ると見込まれる。

(3) 間接的な学生・教職員支援

ここでは、APUクレオハイツに約10億円(現在増築中約4億円)、学生・教職員住居斡旋サービス(通常の斡旋手数料の半額)、さらに学生の課外活動の広告協力や協賛金、さらに全国大会支援などに年間200〜400万円を支出している。

(4) 2005年度以降の予定

さらに今後の財政支援に触れておくと、APU留学生奨学金5,000万円(1,000万×5年)、立命館中・高100周年記念500万円、図書館100周年記念50万円があり、その他、継続的な支援は続けていく予定である。

2 数値に現れない・現れにくい貢献

次に数値に現れない貢献ということであるが、学園からのアウトソーシングは、主にはキャンパスメンテナンス関係・調達業務移管に代表される。しかし、その他にも個別に多数の業務をアウトソーシングしてきている。ここで列挙し数値化することは不可能であるので割愛し、リスクヘッジの面と業務のブラックボックス化の面について述べる。

設立趣旨にもあるように、大切なのは「学園の自治や教育研究の自由を脅かさず、情報管理上も問題なく教育研究機関として学園の基本方針を共有」してきたかという点である。もちろんクレオテックはその設立趣旨をよく理解し業務を遂行してきたわけだが、結果、学園は各種業務の委託先・物品購入先の大半をクレオテックに集中した。クレオテック設立以前は学園が直接的に個々の企業・メーカー・販売店などと契約行為を行っていたのだが、昨今の経済環境、企業不祥事の続発、またコンプライアンスの面からも、学園が設立した会社へ契約・発注することの意義は計りしれない。学園が直接的に実害・被害を受けたり、極端な場合には訴訟問題も挙げられようが、そのようなリスクをヘッジすることは数値化はできないが、学園へのクレオテックの多大な貢献と考えられる。逆に言えば、クレオテックにとってはリスクを負担することになるわけだが、専門知識を持った社員が対応しているので、学園が直接行うよりもリスクについては、はるかに軽減されていると考えられる。

またアウトソーシングによる「業務のブラックボックス化」を最小限に止めている点も大きな要素である。業務を全くの外部企業にアウトソーシングした場合、数年が経過するとそのノウハウが学園外へ流失し、元に戻ってこないのが一般的な傾向である。クレオテックが学園からアウトソースされた

業務を遂行することにより、学園グループとしてノウハウ・資金も環流することが可能であり、この点も数値化はできないが、大きな貢献といえよう。

3 設立趣旨に照らした到達点評価

先にも述べたように、クレオテックの設立趣旨は大きく分けると4点くらいにまとめられる。第一は「財政貢献」、第二は「組織のスリム化への貢献」、第三は「教育・研究支援」、第四は「教職員の意識改革」になるであろう。各々点数を付けるならば、第一の課題である「財政貢献」については、上記に記載したとおり払込資本の実に約25倍の直接的財政貢献を果たし、数値化されない要素を加味すると90点くらいが妥当である。

第二の課題である「組織のスリム化への貢献」については60点くらいであろう。組織のスリム化への貢献は、学園が要求・依頼する範囲に応えてきたという面では80〜90点になるであろうが、クレオテックからの提案による組織改革・スリム化はほとんどなかったのが実情であったため、60点に減点した。

第三の課題「教育・研究支援」についても60点が妥当か。教育・研究支援のための物品調達や学園環境の維持・管理の面ではやはり80点くらいにはなるが、教育・研究への直接的貢献はほとんど成し得ず、また学園に蓄積された研究成果・知財を事業化するという面では大きく立ち遅れている。この点は今後の一番の課題となるであろう。

第四の「教職員の意識改革」の課題については、残念ながら今後の努力課題としなければならない。クレオテックとしては意識的に取り組んできてはいなかったため、日々のクレオテック業務、クレオテック社員との接点を通して教職員がどのように感じているのか判断が不可能である。昨今のクレオテックに対する評価に鑑み、また教職員個々人、各予算単位によってかなりの温度差が存在する事実を垣間見ると、相当低いのではないかと思われる。川本理事長が、第四がクレオテックの一番の設立目的であるとしていることを考えると、まずまず合格点の60点がクレオテックの全体評価になるであろう。

IV 教育産業界の"雄"をめざして

1 クレオテックの特色（他大学立会社との違い）

(1) 学園100%出資子会社（2005.8～）

　前述のように、クレオテックは学園の100%出資の子会社である。学園の政策・課題がストレートに入りやすく、学園の社会的信用・ネットワークを全面的に活用することが可能である。また一人株主であるため、その意思決定においては最大限のスピードが確保されている。毎日のように報道されているIT関連企業などの例でよく分かるが、クレオテックにとってステークホルダーはできるだけシンプルな方が安全・確実な運営が可能である。

　他大学が設立した会社の中には、大学プラス企業出資、大学プラス個人出資の会社がまま見受けられるが、会社としての独自性・自発性を確保していく上で、私見ではあるが、可能な限り学園の100%出資会社が望ましいのではないか。

(2) 会社規模

　クレオテックは社会的には中小企業に分類される。一般に資本金5億円以上を大企業とし、外形標準課税が1億円以上とするので9,900万円にとどめているが、その事業規模・財務内容は上場基準に匹敵するものであると自負している。そのことはクレオテック自身の社会的信用の高まり、事業展開の拡大にあたっても非常に有利であるといえるだろう。

　私の知りうる限りでは、クレオテックは売上規模においては大学設立会社の中で全国4位に位置している。第1位は、A社。医学部を背景にした高額医療専門機器の売上が多くを占めているとのことである。第2位はA社の子会社であるB社。医療材料の販売を行っている。第3位は大学生協を持たない関東の有力私大のC社になり、わがクレオテックがその後に続く。

　各々の会社はその設立趣旨・設置形態が異なるため単純比較は難しいが、クレオテックは大学業務のアウトソーサーとしては現状においてNo.1の位置にあるのではないか。

(3) 事業内容

　すでに述べたことではあるが、異業種が混在し、その矛盾もあるが総合力において遺憾なくその力量を発揮できているのではないだろうか。異業種間の各種経験と課題・問題・成果を共有化することによって、自ら担当する業務に昇華することが可能であり、その点において総合力が各部の発展に大きく寄与しているものと思う。

2　高等教育を取り巻く状況とクレオテックの方向性"our next challenge"

　これまで私たちは立命館が設立した会社として「we support Ritsumeikan」を標榜してきた。横断幕まで作って硬式野球"立同戦"をはじめ、各種スポーツ観戦などのサポートを続けてきた。それはこれからも変わることはない。しかし、今まで述べてきたように、次なる挑戦「our next challenge」を常に設定していかなくてはならない。

(1) 国立大学法人への営業展開

　さて、今この変革期にこそクレオテックのビジネスのチャンスとシーズが多数到来してきていると言えるだろう。特に2年目を迎えた国立大学法人への積極的営業展開が今後のクレオテックの帰趨を決めると言っても過言ではない。以前から国立大学について調査・研究・訪問してきたが、私学に比して驚くべき"大河の流れ"かと思う。しかしチャンスが存在するのは事実であるが、ビジネスとして成立させることには非常に困難が伴う。当社がコンサル的に業務のアウトソーシングを提案することは、国立大学法人特有の職員組織構成の問題に触れざるをえなくなってくる。この点をいかに相互に理解し、ビジネスへつなげていくかが、困難ではあるが、クレオテックの課題として、また国公私学の違いはあるが、ともに高等教育界に携わる者として積極果敢に取り組んでいきたい。

(2) 着手しつつある新たな外販事業

　最近の例で言うと、人財サービス事業部の設置が挙げられる。昨年7月か

ら順次学園へ派遣し、他大学や企業にも派遣し、今現在は京都本社の大手企業と大きな取り組みを開始しつつある。次年度は全てを含むと120～150人の派遣をするような規模となった。

また今後のクレオテック発展の試金石ともいうべき事業であるが、昨年(2004年)、北海道事業部・札幌営業所を設置した。他大学へのアウトソーシングの提案へと、私自身もあちこち足を運んでいる。早速、今年の4月からは大手旅行代理店とのアライアンスもあり、ある大学の旅費計算業務の受託に成功した。

その他、「大学共同利用施設構想」という、いわばサテライトキャンパスおよびカルチャー教室をクレオテックを中心にして運用していこうというプランを作成し、今、他大学と話を進めている。このプランが実現するならば、クレオテックとしては大きな成果と将来的な展望が確立できるものと期待している。

(3) クレオテック外販方針の確立

クレオテックでは設立後7～8年経過(2000年前後)した頃から、クレオテックの収支構造の見直し、すなわち学園以外への販路・戦略の議論が開始された。一方では、散発・偶発的ではあるが外販は事実上のスタートを切っていた。その契機となったのが「リベルテ"スポーツステーション"」のオープンであり、営業開発部の設置にあった。

リベルテの目的は、中・高・大ともにトップアスリートを輩出してきている立命館スポーツを、直接的に支援をしようということであった。「スポーツの活性化」、「スポーツ文化の育成」、「スポーツ人口の増加」という3つのミッションを掲げ、京都府・市入札参加、京都市外郭団体、京都府教職員互助組合、京滋地域のスポーツクラブ・団体・個人へと着実な販路拡大に成功した。

しかし、今から思うと新分野への挑戦でありながら充分な調査活動ができていなかった感は否めない。スポーツ業界特有の慣習に振り回され、立ち上げにあたっては相当な困難を極めた。構想当初からリベルテ設立趣旨に賛同してくれたただひとつの問屋と、ただひとつのメーカーの協力により始まり、

その後のリベルテの誠実・真剣な取り組みと着実な前進、そして何よりもクレオテックの企業姿勢への理解が深まり、今、大きく飛躍しつつある。

また営業開発部の設置後、外販方針の未確立・不徹底もあり、社内に大議論を巻き起こした。そのような経緯もあって、外販方針が確立されることとなった。内容は以下の通りである

「外販営業の基本方針」（2002.7.12　クレオテック部長会）

①学外営業については、これまでの取り組みを通じて獲得してきたノウハウや社員の力量を生かして展開できる分野について積極的に取り組んでいくというのが会社の基本方針であり、変更するものではない。
②学外営業の対象は、学校法人立命館によって設立された会社であることを前提に、教育・研究・学生生活支援等に関わる事業に限定する（会社の定款で定めた範囲）。
③学外営業の心得としては、事業のポリシーと誇りあるセールスマインドを確立し社員間で共有すること。
④営業活動に関わる手法の問題としては、通常許される範囲であっても、競争に勝つためとして社会的に批判や非難を受けるような取り組みは決して行わない。

「事実上、立命館ブランドを冠した存在となっている当社は、立命館の社会的信用を損なうことなく、これまで社会的認知の中で育んできた『公正な企業』、『良心的企業』のイメージを大切にした営業活動を展開していかなければならない。」

すなわち、クレオテック設立の趣旨を踏まえるならば、各種業界の常識・慣習は理解しつつも、クレオテックの外販方針とは必ずしもイコールではないということである。その分、外販展開においては困難性がつきまとうが「本方針」を外れた事業展開は、いかに収益性が高かろうがクレオテックの事業としてはふさわしくないと判断するものである。

おわりに

さて、最後に以下を引用したい。「我々の競争相手は競合他社ではないし、他業種でもない。それはただ一つ、時代の変化です。その中でめまぐるしく変わるお客様のニーズにどう対応していくか。自分の目で変化をどう見極められるか。それに尽きる」[1]。

われわれは学園を支えてきた経験・力量の蓄積に確信を持ち、今こそ外販を積極的に推し進めるべきである。困難な課題に挑戦してこそ真実が見えてくる。外販で培った営業マインド・提案力・確信を学園にフィードバックする必要がある。その時こそ「立命館"の"クレオテック」から「立命館"を"支えるクレオテック」としてその社会的使命を達成できるものと確信している。

注
1   朝日新聞社編『仕事力』朝日新聞社、p.95、2005年

質疑応答

Q1　アウトソーシングを考えますと、立命館の職員の業務を明確にしなければならないと思います。立命館学園としていろいろなアウトソーシング、人材派遣があると思うのですが、コストを一番に考えると、もっと工夫があるのではないでしょうか。アウトソーシングと業務委託をもっと切り分けないと、いけないのではないかと思いますが、その点を詳しく教えてください。

A1　残念ながら、クレオテックからの提案によってそういうことが進んできていないのが現状です。本来、そういうことをクレオテックとしては立命館を顧客として見て、顧客満足度を高めるためにはどうしたらいいのかを考えて提案していかなければならないのですが、現実問題として、その点が立ち遅れています。それだけの体制、人材補強を行ってきていなかったからです。とにかく来る仕事

をこなすだけの体制しか取れてきていません。そういう意味で、今後は、こういう営業マインドを養わないといけないと思います。営業マインドというのは立命館とだけ業務を行っていても育ちません。やはり外に向かって、提案もし切磋琢磨したビジネスのなかでしか磨かれないと思います。それを学園にフィードバックするのが、課題だと認識しています。今のご質問は、クレオテックへの課題としてしっかり受け止めておきます。

> **Q2** 学園に蓄積された知財、人を、外に向かってどのように提供していくのか。そのあたり、クレオテックとして考えていることを教えてください。

A2 設立当初の文書やクレオテックの定款にも書かれているにも関わらず、実現できていなかったことなのですが、ただひとつ、この春から着手できている事業があります。授業評価関係です。解析手法について、クレオテックで使用させてもらうという契約を大学と交わし、それをもう一つの武器として外販展開をはじめました。先日、「コンソーシアム京都」と市内のある大学へ売り込みをかけ、成功しつつあります。今はその部分、一点だけですね。知財はいろいろなものがたくさんあると思うのですが、それをいかに事業化していくか。そのためには、われわれももう少し学園にどういう知財があるのかを研究し、把握しなければならないと思っています。そういう情報は、どんどん教えていただきたいと思います。今申し上げた授業評価関係の案件は、現実にビジネスになりつつあるので、まずは第一歩かなと思います。

終章 「大学行政学」の構築をめざして
―― あとがきにかえて

大学行政研究・研修センター　センター長　川本八郎
　　　　　　　　　　　　　　専任研究員　伊藤　昭
　　　　　　　　　　　　　　専任研究員　伊藤　昇
　　　　　　　　　　　　　　専任研究員　近森節子

1　トートロジーかアイデンティティか？

　大学行政学とはいったいどのような学問なのかということを考えるにあたって、すでにある学問領域、「○○学」に関する定義がどの程度のものであるかを広辞苑で調べてみた。例えば、社会学とは、コントという学者による定義では、「人間の社会的共同生活を行動や機能について研究する学問」とある。これであれば社会現象すべてが守備範囲としてとらえられるであろう。社会を意識した学問だという程度にすぎない。同じく、経済学は「経済現象を研究する学問」、法学は「法に関する体系的な学問」、文学は「詩文に関する学術」、建築学は「建築に関する学問の総称」、化学は「諸物質の構造、性質ならびに物質相互間の反応を研究する自然科学の一部門」、機械工学は「機械及びそれに関する事項を研究する工学の一部門」、政策学は「産業・労働・金融・交通・政治・外交・教育・軍事・植民などの政策を実践的見地から研究する学問」とある。そして、これらの学問はより多くの分野に枝分かれする。建築学の場合であれば、建築デザイン学、建築史、建築計画学、都市計画学、建築材料学、建築設備学、構造力学、鉄筋コンクリート学、鉄骨学などがある。そしてそれらはさらに細分化されていく。逆説的に述べるなら、細分化され、無数に存在する個々の学術研究プロジェクトを一つに束ねると上記のような定義で落ち着かざるをえないのである。百科事典を見るともう少し詳しく書いてあるが、説明の次元は上記の定義とあまり変わらない。各学会の様々な

事典を見ても変わらない。

　これらはある種のトートロジーに陥っているということができる。つまり、何も説明されていないと言っても過言ではない。

　だとすれば、このような定義を行うことに一体どのような意味があるのだろうか。あえて言うならば、このようなトートロジー的定義は、それを掲げることによって形成される学術集団（アカデミック・コミュニティー）のための名称としての、あるいはアイデンティティ形成としての価値があるのかもしれない。

2　大学行政学とは

　そこで、大学行政学を上記のような次元で定義するとどうなるか。まず、大学という用語を英語の"higher education"に置き換えて高等教育とすると、大学行政学とは「高等教育機関における教育・研究機能と組織運営機能との有機的結合のあり方を、実践的見地から探求する学問」ということになる。そして、その中身はいくつかの部門・分野などの系列に分かれていくであろう。現時点では、少なくとも、3つくらいの系列が考えられる。

　一つは、やはり高等教育機関であるわけだから、「教育・研究プロデュース系」である。

　純粋に個人的関心でのみ学問（教育・研究）に取り組むのであれば、従来通り教員だけでこれを担えばよい。教員の研究は、基本的には、個人の裁量あるいは個人技の世界に委ねられているのである。それに対して、高等教育機関は組織である以上、それを形成する理念とミッションを確実に達成しなければならない組織的課題が発生する。つまり、個人技に左右されることなく、組織力でもって一定の水準で安定的に供給されるべき教育・研究分野が存在するはずである。この分野のプロデュースを職員集団が担い、開拓するのである。そのような専門家、いわば教育・研究プロデューサーを意識的に育成することが今後ますます必要となってくるであろう。

　二つは「マネジメント系」で、財務、人事などである。

　三つは「ネットワーク系」で、産学連携、校友政策、寄付政策あるいは広

報などである。

　こういうものをそれぞれ縦割りで見ると、既存の学問領域、すなわち、財政学、経営学、行政学といったジャンルに属することでこと足りるのであるが、「教育・研究機能」と「組織運営機能」とが結合する部分での関係性からとらえると、既存の縦割りの学問領域では説明できないことが多々起こりうるのである。

　教育・研究プロデュース系、マネジメント系、ネットワーク系というのは、それぞれ独立して存在するのではなくて、いくつか重なってくる部分が必ず見えてくる。例えば、教育・研究プロデュース系は、教育プログラムを充実させるためには外部とのネットワークづくりも大切な要素となる。インターンシップなどがその典型例で、教育・研究プロデュース系とネットワーク系が重なる。あるいは３つの系すべてが重なる部分もありうる。例えば、キャリア教育がそうだ。これは、プログラムは教育・研究プロデュース系でありながら、様々な企業の人事の人たちとのネットワークを生かさなければならないし、さらに、それを実現するためには職場のマネジメントが必要不可欠となる。

　立命館大学の大学行政研究・研修センターの大学幹部職員養成プログラムの2005年度研修生のテーマで考えても面白い。例えば、A君のテーマは「多様な社会的ネットワークの構築による帰属収入をベースとした収支構造モデルの提言」で、財務モデル研究は論文として、会計学や経営学など、既存の学会で発表してもよいのかもしれない。しかし、これにもっと高等教育論的視点を加味していくと、競争的研究資金の獲得状況に対応した財政政策とは何かということ、つまり、研究の質とそれに合致した財政政策との関係が浮上してくる。大学の財務は、教育・研究がわからなければ本当の仕事ができないし、逆に教育・研究は財務がわからなければ本当の仕事ができない（わからなくともセクト的な仕事はできるが）。こうなると完全に重なってくる。

　もう少し別の角度から見ると、高等教育機関のミッションは大きく２つあって、一つは18歳になった若者の人格形成に責任を持つこと、もう一つは全人類のための科学技術の発展に貢献することである。人格形成に責任を持つ

のは主として学部教育であり、広い意味での教養教育である。科学技術の発展への貢献は大学院以上の学術研究であり、よりプロフェッショナルなあり方である。教育・研究プロデュース系、マネジメント系、ネットワーク系は、相互に関連しつつ循環する。そして何よりも重要なことは、大学行政学を「高等教育機関における教育・研究機能と組織運営機能との有機的結合のあり方を、実践的見地から探求する学問」とする限りは、書斎にこもっての学問ではなく、常に現場に即した実践的とらえ方をするということだ。実践的修練を通してこそ理論は精緻化される。このようなところに大学行政学は位置づけられていくのではないかと考えられる。

Q1：学問というのは関係性の解明だと言われるが、大学行政学という学問は何と何の関係性を解明するのか。

A1：例えば、体育会系の学生は文武両道を極めなければならないという信念をわが学園は持っている。大学行政学とは、これをアクセプトしつつも、印象批評や信念だけで語るのではなくて、調査分析を通じて、具体的なデータに基づいて、その実態の解明と政策提起に取り組む、そのような姿勢のことをも含めていう。例えば、体育会系クラブに所属する学生たちの単位取得実態を解明してこそ、実行力のある教育・研究支援政策を設計することができる。しかし、体育会系と一言で言っても、クラブごとに構成員の属性や力量に差があるであろう。あるいは、指導者に対する学生の信頼度、試合実績、学生の成長の度合いなどにも違いが生じているのかもしれない。それらの相互連関構造を明らかにしなければならない。いわば、複数の切り口から現象の本質に迫るということだ。

Q2：大学固有の業務というと教育・研究、学生支援など容易に想像がつくが、例えば、人事、財務、広報などは大学の運営にとって非常に大事ではあるが、大学固有の業務ではない。どんな組織にも必要な業務である。そういうものはどう考えるべきか。

A2：先に、教育・研究プロデュース系、マネジメント系、ネットワーク系と整理したが、これは機能系列である。他方、人事課、財務課、学部事務室、広報課などを職場系列と考えれば、この二つの系列がクロスする関係をイメージすればよい。例えば、人事はマネジメント機能が大きいが、100％それだけかというと、必ずしもそうではない。大学において、ある人を何々学部の事務長に配置しようという時に、学部の教育・研究の理解と発展が仕事になる。また、ことによっては事務長が学生と対峙しなければいけないことも当然生じ得ることも想定しなければならない。彼らには教育・研究について相当程度の見識が求められるのである。したがって、大学においては、教育・研究をまったく無視して人事配置することは考えられないことになる。どこまで意識されているかは別として、人事課のようなマネジメント系の仕事に携わっていたとしても、日常業務の中では常に教育・研究を意識しなければつとまらないはずである。ネットワーク系についても学外の人々と対話する際には、大学人としてのスタンスで教育・研究の発展を前提として、物事を論じなければならないはずである。大学行政は職員だけが担うのではないが、大学行政を担う職員には、教育・研究、社会貢献など、大学人としての教養が問われる。

3　職能とプロフェッション

　大学行政学をどう考えるかいうことを、今、大学職員に求められている職能とは何かという視点からとらえるとどう考えられるであろうか。昨今、大学は、大学をめぐる情勢、経営の高度化、そのための事務局機能の高度化、それを担うことのできるプロが要請されてきたと、声高に言われている。プロの要請とは、アマチュアはプロセスで評価され、プロは結果で評価されるということを含意している。

　では、大学行政におけるプロとは何か、次の3点から考えてみよう。
　一つは、業務の高度化と広がりである。大学職員の業務内容は高度化、専

門化、国際化している。同時に、問題を解決するため複数部課との協議と政策提起の能力が求められている。個人・集団の両面で、専門性と実績とが社会的に認知をされることが重要であり、それによって大学は評価されていくであろう。プロというのは専門的な知識とネットワークの両方を兼ね備え、その成果で評価されているのが特徴である。このような人材を育成するところに大学行政学は位置する。

二つは、組織や制度といった機構、それを動かす人、そしてその成果についての関係性をどのように整理し得るかが問われる。そこに、職員論や管理職論をどのように位置づけるかという命題も浮上する。これ以外にも、関連して制度設計、業務・政策評価論、人事管理というものも含まれてくる。そして、これらは教育・研究という大学から発信される社会サービスの機能を、効果・効率的かつ経済的に創出する作業を通じて検証されるのである。大学行政学とは、この検証に耐えられるプロを育成する学問である。

三つは、専任職員とアウトソーシング問題である。現在、多くの業務はアウトソーシング化されつつある。そんな中での専任職員のあり方を考えてみたい。アウトソーシングできる業務とは、必ずしも専任職員が行わなくてもよい業務と、社会的な専門力量を活用し業務の専門性を確保しようとする業務に大別できる。前者については、効率や経済合理性の確保と、そして、何よりも「専任職員でなければならない業務」を専任職員が担当するという人材活用のために必要なことである。「専任職員でなければならない業務」は専任でなければこなせないもので、状況分析力、問題発見力と政策提示能力などとともに、プロの大学職員としての直観力を鍛えていかなければならない。大学行政学とは、このような大学職員の業務から言えば、業務の高度化と広がりのなかで、プロの「専任職員でなければならない業務」の体系ともいえる。

4 大学行政学と大学院市場

大学行政学を大学院として展開しようとする際の市場を考えてみよう。大学院も競争の時代に突入したことに疑いの余地はない。その市場を考えるに

あたっては、大学行政学大学院の社会的需要を探る必要がある。一つは、大学院の多様化、大学の「機能別再編」、専門職業人養成大学院、生涯教育、通信教育、教育・研究の国際化と通用性確保、高等教育行政の規制緩和、「特区」大学・高校などといった大学を取り巻く要素とその問題群から必要とされる大学行政学の専門フィールドへの社会的需要である。他の一つは、その専門フィールドを担うプロの専門人材としての大学職員への社会的需要である。この２つの社会的需要が、大学行政学大学院の市場を規定することになる。

大学行政学の専門フィールドは、これまでの専門フィールドに加えて、大学改革につれますます拡大し新領域が生まれてきている状況にある。例えば、ベンチャーやインキュベーション、キャリア教育、大学評価、議論が緒についたばかりであるUSRなど、教育・研究と管理運営さらには経営までを含んで目白押しである。問題は、大学行政学というものがまだほとんど真正面から語られてはいないことであり、これらの専門フィールドが「教育・研究機能と組織運営機能との有機的結合のあり方を、実践的見地から探求する学問」として、実践的に解明することができるのかどうかにある。そして、実践的に解明するとは、これらの専門フィールドについて、プロの専門人材としての大学職員を育成できるプログラムを開発できるのかどうかである。これに成功すれば、大学行政学大学院の市場が成り立ち、大学院は存続、発展し、そして大学自体も大いに発展するものとなる。

現在、大学職員（本務者）数は17万7,000人（2004/5/1現在）である。これは、大学行政学大学院の社会人入学者の第一次市場である。これに大学職員を希望する新規卒業者の第二次市場がある。さらに大学職員への転職を希望する社会人の第三次市場がある。主力は、第一次と第二次の市場であろう。しかし、これらの市場は、いずれも論理の世界の抽象的な可能性でしかない。これを具現化するのが、プロの専門人材としての大学職員を育成できるプログラムの実効性、「プロの専門人材としての大学職員」の実力を遺憾なく発揮できる職場の存在、そして発揮した実力にふさわしい処遇の提供である（これらは専門職系の大学院に共通する問題、課題である）。いずれもこれらは大学が努力すればできることである。市場が成り立つかどうかは、大学がその手に握って

いる。

　なお、大学行政学大学院の市場にかかわって、通信教育は有効な手段である。しかし、大学行政学の「教育・研究機能と組織運営機能との有機的結合のあり方を、実践的見地から探求する学問」としての実践的性格と、大学行政の専門フィールドのプロの専門人材を育成する教育目標から、通信教育のあり様も大きな工夫が必要となる。

5　大学人としての教養

　大学行政学大学院で展開すべきことは、組織論や政策論を確立していくことであろう。大学職員が担っている業務を理論化、体系化、普遍化する中で、大学行政学というものが確立されていくのであろう。だが、その根底には大学とは何かということを常に問い続けなければならない。大学とは社会的にどういう存在かというと、教育・研究、社会貢献、国際連携というこの大きな役割を社会的には担っていくのであろうと思われる。そのなかでの職員の業務とは何かというと、経営スタッフとしての役割と教育・研究を企画、推進する役割の2つの役割が、大学職員にとって大きな役割だと考えられる。この二つの役割をそれぞれ適切な比重で担いながら、教育・研究、学生支援などそれぞれの業務に落とし込んで、そこでの専門性を高めるということである。この専門性とは、それぞれの業務が大学の社会的役割を形づくるものであることによって検証されるものであり、また、「教育・研究機能と管理運営機能との有機的結合のあり方」である教育・研究プロデュース系、マネジメント系、ネットワーク系の機能の組み立て具合によって測定されるものである。例えば、キャリアセンターの仕事で言うと、キャリア・アドバイザーの仕事はどういう意味を持ち、どのような機能で組み立てられ、どうその役割を果たしているのかというように、一つ一つの仕事に即してその内容と専門性を解明していくことが、職員の業務を明らかにすることになる。個々の業務の解明の固まりが大学行政学ということに収斂していくのである。

　学問分野を確立するというのは、長期的かつ持続的取り組みの過程である。社会学は100年くらいの歴史しかないが、それ以前には哲学や経済学があった。

学問は、自分たちの問題関心に合致したコミュニティーをつくるために「学」を立ち上げて学会をつくり、徐々にあるジャンルを構築していくことによって、分野を確立していく。したがって、大学行政学について、われわれが共通の認識として持つべきことは、厳密な定義を作るというようなことではなくて、大学行政に関わる事柄を様々な角度から解明していくコミュニティーを作ることである。そういうコミュニティーとして、立命館大学は大学行政研究・研修センターを立ち上げた。立命館大学の大学行政学は対外的にもここを受発信の場とする。いずれにせよ、大学の職員にとって不可欠な部分というのは、やはり高等教育機関に働く大学人あるいは知識人としての属性であって、それに値する教養を身につけることが、究極的にはプロフェッショナルとしての価値を創造することにも通じるのである。

（「大学行政学とは何か」『大学時報』No.306、2006年1月に加筆・修正）

執筆者紹介(執筆順)

鈴木　元（すずき・はじめ）1969年立命館大学経済学部卒業。1996年かもがわ出版社編集長代理を経て、学校法人立命館入職。1997年企画部次長、1999年教学部次長、2001年国際部次長兼務、2003年総長・理事長室室長。著書は『あるベトナム・中国訪問記』（文理閣、2002年）、『突然のこと』（かもがわ出版、2002年）（いずれも日本図書館協会選定図書）等多数。日本ペンクラブ会員、ノンフィクションライター。

高杉巴彦（たかすぎ・ともひこ）1974年立命館大学文学部卒業。1977年立命館大学大学院文学研究科修士課程修了。1976年学校法人立命館立命館中学・高等学校教諭。1988年立命館高等学校教務部長。1995年札幌経済高校副校長。1996年立命館大学慶祥高等学校校長（開校）。2000年立命館慶祥中学校・高等学校校長（中学開校）。2004年学校法人立命館常務理事（総務担当）。著書・論文に『城陽市史近代編』（監修補佐・共著）、『アジアに強くなる75章』（監修・共著1995年）、「公立優位下の風土における大学附属私学の経営」（『私学経営』私学経営研究会2001年）。

安達亮文（あだち・あきふみ）1980年立命館大学法学部卒業。1980年学校法人立命館入職。理工学部事務室、理工学研究所、計算機センター、事務電算化開発プロジェクト室、調査企画室、学生課、BKC学生総合センター、広報課勤務を経て、1998年10月よりエクステンションセンター衣笠課長。

平井英嗣（ひらい・ひでつぐ）1970年立命館大学法学部卒。卒業と同時に、団体職員として勤務のかたわら母校のアメリカンフットボール部パンサーズのヘッドコーチ。1984年からコーチ、1993年監督就任。1994年、1998年に甲子園ボウル優勝「学生日本一」達成、2002年総監督就任、2005年総監督退任。2005年から関西学生アメリカンフットボール連盟理事長。1987年から学校法人立命館職員、2000年財務部管理課長、2005年キャリアセンター次長。

志垣　陽（しがき・あきら）1979年立命館大学文学部卒業。1980年学校法人立命館入職、教務課、事務電算化開発室等を経て、中等教育推進課長、校友課長、教育研究事業部次長、教育文化事業推進部次長。立命館大学校友会・立命館大学エクステンションセンター・立命館大学国際平和ミュージアム各事務局長。2006年6月より京都府立堂本印象美術館事務局長就任予定。私立大学連盟、高等教育問題研究会（FMICS）、私立大学情報教育協会、㈱総合教育企画、日本電気、関西学院・甲南・追手門・桜美林・吉備国際等各大学・大学院で研修講師活動。寄稿に「学生と卒業生双方に役立つ上昇スパイラルの構築を」（BETWEEN No.199）など。

伊藤　昇（いとう・のぼる）1971年学校法人立命館入職。調査・広報室長、財務部長、総務部長を経て、2005年4月より大学評価室副室長、大学行政研究・研修センター副センター長。寄稿に、「大学業務の多角化と人件費の効率化」『私学経営』No.333（2002年11月）、「SARS対策に見る国際化時代の危機管理－立命館大学の例」『大学時報』No.292（2003年7月）、「学園における意思決定システムとその機能化の条件」『大学時報』No.295（2004年3月）、『21世紀の大学職員像』（かもがわ出版、2005年）、「大学職員論」（『大学行政論Ⅰ』東信堂、2006年）。

今村正治（いまむら・まさはる）1981年立命館大学文学部卒業。1981年学校法人立命館入職。立命館大学学生部学生課長、立命館アジア太平洋大学（APU）開設準備課長、APUスチューデントオフィス課長、APU事務局次長（学生・入試担当）、APU副事務局長を経て、学校法人立命館財務部次長。共著に『講座：グローバル化する日本と移民問題第2期　第6巻　多文化社会への道』駒井洋編著（明石書店、2003年）。『多様化する大学入試～関西諸大学の入試制度～』（高等教育研究会編つむぎ出版、1994年）。論文に、「課外教育論ノート」『立命館教育科学研究』第3号（1993年3月）。

森島朋三（しまもり・ともみ）1985年立命館大学産業社会学部卒業。1994年京都・大学センター事務局職員。1996年学校法人立命館職員（京都・大学センター出向）。1997年総務部付課長、京都・大学センター次長。2001年学校法人立命館総務部付次長、財団法人大学コンソーシアム京都事務局長。学校法人立命館総長・理事長室副室長・総務部次長、立命館小学校設置準備事務局長、企画部次長。学校法人立命館　総務部長（京都・大学センターは、1998年に財団法人化され、名称も財団法人コンソーシアム京都に改称）。

国原孝作（くにはら・こうさく）1979年立命館大学産業社会学部卒業。1979年商社系列テキスタイルメーカー入社。1992年学校法人立命館入職、学生部厚生課。1995年株式会社クレオテック出向。2001年学校法人立命館総務部付課長。2001年株式会社クレオテック取締役就任。2006年関西ティー・エル・オー（TLO）株式会社出向。

川本八郎（かわもと・はちろう）1958年立命館大学法学部卒業。1958年学校法人立命館入職。1973年学生部学生課長、1978年総務部総務課長、1983年総務部長。1984年学校法人立命館常務理事（総務・財務担当）、1989年専務理事、1995年理事長に就任。

伊藤　昭（いとう・あきら）1965年学校法人立命館入職。厚生課長、総務部長、財務部長、常務理事（財務担当、APU担当）。そして2000年1月APU副学長（総務・財務担当）、立命館上海代表処所長代理兼担を経て、2004年2月より株式会社クレオテック代表取締役社長（常勤）。寄稿に「学納金」（『大学ランキング2003』朝日新聞社、2002年5月）、「単位制授業料」（『カレッジマネジメント』116号、リクルート社）、「21世紀の大学職員像」（かもがわ出版、2005年）、「教育と研究を支える財政政策」（『大学行政論Ⅰ』東信堂、2006年）等。

近森節子（ちかもり・せつこ）1968年神戸大学教育学部卒業。2002年立命館大学社会学研究科修士課程修了。1968年出版社勤務、編集者、フリーライター。1991年立命館大学広報課へ。1992年広報課長、1998年カナダのブリティッシュコロンビア大学へ出向、1999年キャリアセンター（旧就職部）次長、2005年大学行政研究・研修センター次長・専任研究員。論文・寄稿・著書に、「私の紙面批評」（『朝日新聞』1993年）、「就職部からキャリアセンターへ」（『大学時報』2001年）、「文社系学生のための職業能力開発プログラムと大学の構造改革」（『立命館大学高等教育研究』2004年第4号、5号）、「広がる大学のキャリア教育」（『日経新聞』2004年）「米国の大学におけるキャリアセンターの事業内容に関する実態分析」（『キャリアデザイン研究』創刊号2005年）、「就職部から見たフリーター」（『フリーターっていいの？悪いの？』ジャパンインターナショナル総合研究所、2005年）、『21世紀の大学職員像』（かもがわ出版、2005年）、「大学と進路・就職支援」（『大学行政論Ⅰ』東信堂、2006年）。

索 引

【あ行】

アウトソーシング	180
アナライジングスタッフ	100
異業種混在	192
エクステンションセンター	59
大型公私協力	151

【か行】

開放化	10
課外講座	67
㈱立命カルチャーバード（仮称）	178
カルチャーショック	56
環境問題	25
外販営業の基本方針	199
学園紛争	10
学費の重み	181
学力	47, 48
寄付政策	125
キャリア意識	51
キャリア認識	51
キャリアマインド	53
教育研究ネットワーク事業	133
教育の国際化	4
教職員の意識改革・変革	178
京都・大学センター	165
京都法政学校	107
業務移管	178
業務の高度化	186
業務のブラックボックス化	194
クレオテック	177
具体的貢献	193
ゲルニカ平和博物館	19
コーチング	105
甲子園ボウル	83, 84
孔子学院	28
高等学校の教育課程の変遷	47
高等教育	41
高等教育と初等中等教育との連携	41, 44
高度化のためのコスト	186
顧客満足度	189
国際化	10
国際化の第三段階	13, 35
国際関係学部	4
国際協力銀行（JBIC）	15, 20, 22
国際協力事業	5
コストパフォーマンス	185

【さ行】

西園寺公望	107
サマルカンド平和博物館	19
私学教職員高賃金論	185
支出の右上がり	179
社会的な教育研究資源・資金	132
収入の右下がり	179
出向	178
首都圏戦略	74
生涯学習社会	66, 68
職員養成機能	
（研修的出向・戦力的出向）	179
初等教育	41
初等中等教育と高等教育との	
有機的連携	44
時代の変化	200
情報化	10
侵華日軍南京大屠殺偶難同胞記念館	19

末川記念会館建設事業募金	126	ハブ大学	37
スタッフ・ディベロップメント	170	パンサーズ	83, 84
スポーツ選抜入試	87	びわこ・くさつキャンパス	88
「積極・提案型」の営業スタイル	189	ファカルティ・ディベロップメント	170
専任職員としての給与（職務・職責）	185	ファン・ディベロップメント	96
専任職員の政策・立案・判断業務	179	分社化	192
全入時代	3	プロジェクト60	127, 131
双方向型の教育研究ネットワーク	128	平和と民主主義	17
		平和博物館	17

【た行】

		ベトナム戦争証跡博物館	19
多文化多言語環境	156	本格的な国際大学	11, 139

【ま行】

多様な雇用形態	62		
大学アドミニストレーター	36		
大学行政学	203	孟子像	28

【ら行】

大学コンソーシアムおおいた	153		
大学コンソーシアム京都	163		
大学の教育研究事業	125	ライスボウル	83
大学の大衆化	70	リエゾン・オフィス	132
大学のまち・京都21プラン	164	リスクヘッジ	194
ダブルスクール現象	64, 65	立命館アジア太平洋大学	4, 139
知識社会化	70	立命館宇治高校	92
知の国際競争時代	4	立命館慶祥高校	44, 92
中国大学管理運営幹部特別研修	16	立命館スポーツフェロー	110
調達業務	178	立命館創始120年・学園創立90周年	
適正価格	185	記念事業募金	126
ディベート	49	立命館大学校友会98改革	113
トータルコーディネート	184	立命館大学国際平和ミュージアム	17
特色教育プログラム	14	留学生10万人計画	3
特別卒業証書	18	留学生問題	4

【な行】

		わだつみの像	17
難関分野	61		
21世紀地球市民	12	APU	15, 140
日本国際協力機構（JICA）	7, 22	APハウス	148
ネゴシエーション力	49	COE	27

【は行】

		ODA	20
		win-winの関係	182
ハノイ師範大学	7		

執筆者分担一覧

第1章	鈴木	元	学校法人立命館総長・理事長室長
第2章	高杉	巴彦	学校法人立命館常務理事（総務担当）
第3章	安達	亮文	立命館大学エクステンションセンター衣笠課長
第4章	平井	英嗣	立命館大学キャリアセンター次長
第5章	志垣	陽	立命館大学教育文化事業推進部次長
第6章	伊藤	昇	立命館大学大学行政研究・研修センター副センター長・専任研究員
第7章	森島	朋三	学校法人立命館総務部長
第8章	今村	正治	学校法人立命館財務部次長
第9章	国原	孝作	学校法人立命館総務部付課長、関西ティー・エル・オー㈱出向
終 章	川本	八郎	学校法人立命館理事長
	伊藤	昭	㈱クレオテック代表取締役社長、立命館大学大学行政研究・研修センター専任研究員
	伊藤	昇	第6章を分担
	近森	節子	立命館大学大学行政研究・研修センター次長・専任研究員

大学行政論 II

2006年4月1日　初　版第1刷発行　　　　　定価はカバーに表示してあります。　〔検印省略〕

編者©川本八郎・伊藤　昇／発行者　下田勝司　　　印刷/製本 ㈱カジャーレ

東京都文京区向丘1-20-6　　郵便振替00110-6-37828　　　　　発　行　所
〒113-0023　TEL(03)3818-5521　FAX(03)3818-5514　　　株式会社　東信堂
Published by TOSHINDO PUBLISHING CO., LTD.
1-20-6, Mukougaoka, Bunkyo-ku, Tokyo, 113-0023, Japan
E-mail : tk203444@fsinet.or.jp　http://www.toshindo-pub.com/

ISBN4-88713-666-8 C3037　　　　　©H.Kawamoto, N.Ito

川本八郎・近森節子編　　Ａ５判・並製・216頁・税込定価2415円

大学行政論①

ISBN 4-88713-651-X C3037

大学は「運営」から「経営」の時代へ！

◆新時代の大学に求められるのは、教育・研究とともに優れた行政力だ。大学はいかにあるべきか。

◆教職員一体となって個性ある大学を創造・経営していくための必須の諸問題を、立命館大学のこれまでの改革経験に基づいて探求する。

◆リーダー論、入学政策、進路・就職政策から職員論、財政政策まで、大学業務の主要な局面を具体的に追究した大学関係者、特に大学職員と職員志望者必読の書。

主要目次

第１章	「リーダーの条件」	川本　八郎
第２章	立命館ダイナミズムの秘密	佐々木浩二
第３章	転換期にある教学システム	志磨　慶子
第４章	立命館大学入学政策の特徴と今後の可能性	三上　宏平
第５章	大学と進路・就職支援	近森　節子
第６章	産官学連携論	塩田　邦成
第７章	大学職員論	伊藤　昇
第８章	教育と研究を支える財政政策	伊藤　昭

2006年1月刊行

― 東信堂 ―

大学の管理運営改革―日本の行方と諸外国の動向	江原武一・杉本均編著	三六〇〇円
新時代を切り拓く大学評価	秦由美子編著	三六〇〇円
模索されるeラーニング―日本とイギリス	吉田 文・田口真奈編著	三六〇〇円
私立大学の経営と教育―事例と調査データにみる大学の未来	丸山文裕	三六〇〇円
公設民営大学設立事情	高橋寛人編著	二八〇〇円
校長の資格・養成と大学院の役割	小島弘道編著	六八〇〇円
短大ファーストステージ論	高鳥正夫編著	二〇〇〇円
短大からコミュニティ・カレッジへ―飛躍する世界の短期高等教育と日本の課題	舘昭編著	二五〇〇円
反大学学論と大学史研究―中野実の足跡	中野実研究会編	四六〇〇円
アジア・太平洋高等教育の未来像	静岡総合研究機構編 馬越徹監修	二五〇〇円
戦後オーストラリアの高等教育改革研究	杉本和弘	五八〇〇円
大学教育とジェンダー―ジェンダーはアメリカの大学をどう変革したか	ホーン川嶋瑤子	三六〇〇円
一年次(導入)教育の日米比較	山田礼子	二八〇〇円
アメリカの女性大学::危機の構造	坂本辰朗	二四〇〇円
アメリカ大学史とジェンダー	坂本辰朗	五四〇〇円
アメリカ教育史の中の女性たち―ジェンダー、高等教育、フェミニズム	坂本辰朗	三八〇〇円
アメリカの大学基準成立史研究	前田早苗	三八〇〇円
大学改革の現在(第1巻)―[講座「21世紀の大学・高等教育を考える」]	有本章編著	三二〇〇円
大学評価の展開(第2巻)	山本眞一・山野井敦徳編著	三二〇〇円
学士課程教育の改革(第3巻)	清水一彦・絹川正吉編著	三二〇〇円
大学院の改革(第4巻)	江原武一・舘昭編著	三二〇〇円
	馬越徹編著	三三〇〇円

〒113-0023 東京都文京区向丘1-20-6
TEL 03-3818-5521 FAX 03-3818-5514 振替 00110-6-37828
Email tk203444@fsinet.or.jp URL: http://www.toshindo-pub.com/

※定価:表示価格(本体)+税

東信堂

書名	副題/編著	著者	価格
大学の自己変革とオートノミー	―点検から創造へ	寺﨑昌男	二五〇〇円
大学教育の創造	―歴史・システム・カリキュラム	寺﨑昌男	二五〇〇円
大学教育の可能性	―教養教育・評価・実践	寺﨑昌男	二五〇〇円
大学教育の現在		寺﨑昌男	近刊
作文の論理	―〈わかる文章〉の仕組み	宇佐美寛編著	一九〇〇円
授業研究の病理		宇佐美寛	二五〇〇円
大学授業の病理	―FD批判	宇佐美寛	二五〇〇円
大学の授業		宇佐美寛	二五〇〇円
大学教育の思想		絹川正吉	近刊
あたらしい教養教育をめざして	大学教育学会編	大学教育学会25年史編纂委員会編	二九〇〇円
現代大学教育論	―学生・授業・実施組織 大学教育学会25年の歩み・未来への提言	山内乾史	二八〇〇円
大学の指導法	―学生の自己発見のために	児玉・別府・川島編	二八〇〇円
大学授業研究の構想	―過去から未来へ	京都大学高等教育教授システム開発センター編	二四〇〇円
学生の学びを支援する大学教育		溝上慎一編	二四〇〇円
大学教授の職業倫理	―アメリカと日本	別府昭郎	三二〇〇円
大学教授職とFD		有本章	三八〇〇円
立教大学〈全カリ〉のすべて	（シリーズ大学改革ドキュメント・監修寺﨑昌男・絹川正吉）	全カリの記録編集委員会編	二一〇〇円
ICU〈リベラル・アーツ〉のすべて	―リベラル・アーツの再構築	絹川正吉編著	二三八一円

〒113-0023 東京都文京区向丘1-20-6
5TEL 03-3818-5521 FAX 03-3818-5514 振替 00110-6-37828
Email tk203444@fsinet.or.jp URL: http://www.toshindo-pub.com/

※定価：表示価格(本体)＋税

―― 東信堂 ――

比較・国際教育学（補正版）	石附 実 編	三五〇〇円
教育における比較と旅	石附 実	二〇〇〇円
比較教育学の理論と方法 J・シュリーバー 編著	馬越徹・今井重孝監訳	二八〇〇円
比較教育学――伝統、挑戦、新しいパラダイムを求めて M・ブレイ編	馬越徹・大塚豊監訳	三八〇〇円
世界の公教育と宗教	江原武一編著	五四二九円
世界の外国人学校	福田誠治 編著末藤美津子	三八〇〇円
世界の外国語教育政策――日本の外国語教育の再構築にむけて	大谷泰照他編著林 桂子	六五七一円
日本の教育経験――途上国の教育開発を考える	国際協力機構編著	二八〇〇円
アメリカの才能教育――多様なニーズに応える特別支援	松村暢隆	二五〇〇円
アメリカのバイリンガル教育――新しい社会の構築をめざして	末藤美津子	三二〇〇円
21世紀にはばたくカナダの教育（カナダの教育2）	小林・関口・浪田他編著	二八〇〇円
現代英国の宗教教育と人格教育（PSE）	柴沼晶子編著	五二〇〇円
ドイツの教育	別府昭郎 新井浅浩 結城忠編著天野正治	四六〇〇円
21世紀を展望するフランス教育改革――一九八九年教育基本法の論理と展開	小林順子編	八六四〇円
マレーシアにおける国際教育関係――教育へのグローバル・インパクト	杉本 均	五七〇〇円
フィリピンの公教育と宗教――成立と展開過程	市川 誠	五六〇〇円
社会主義中国における少数民族教育――「民族平等」理念の展開	小川佳万	四六〇〇円
中国の職業教育拡大政策――背景・実現過程・帰結	劉 文君	五〇四八円
中国の後期中等教育の拡大と経済発展パターン――江蘇省と広東省の比較	呉 琦来	三八二七円
東南アジア諸国の国民統合と教育――多民族社会における葛藤	村田翼夫編著	四四〇〇円
オーストラリア・ニュージーランドの教育	石附 稔 笹森 健編著	二八〇〇円

〒113-0023 東京都文京区向丘1-20-6
TEL 03-3818-5521 FAX 03-3818-5514 振替 00110-6-37828
Email tk203444@fsinet.or.jp URL: http://www.toshindo-pub.com/

※定価：表示価格（本体）＋税

東信堂

教育の平等と正義	大桃敏行・中村雅子・後藤武俊訳　K・ハウ著	三三〇〇円
大学教育の改革と教育学	小笠原道雄・坂越正樹監訳　K・ノイマン著	二六〇〇円
ドイツ教育思想の源流	平野智美・佐藤直之・上野正道訳　R・ラサーン著	二八〇〇円
経験の意味世界をひらく ―教育哲学入門 教育にとって経験とは何か	市村・早川・松浦・広石編	三八〇〇円
洞察＝想像力 ―知の解放とポストモダンの教育	市村尚久・早川操監訳　D・スローン著	三八〇〇円
文化変容のなかの子ども ―経験・他者・関係性	高橋　勝	二三〇〇円
教育の共生体へ ボディ・エデュケーショナルの思想圏	田中智志編	三五〇〇円
人格形成概念の誕生 ―近代アメリカの教育概念史	田中智志	三六〇〇円
ナチズムと教育 ―ナチス教育政策の原風景	増渕幸男	二八〇〇円
サウンド・バイト：思考と感性が止まるとき	小田玲子	二五〇〇円
体験的活動の理論と展開 ―「生きる力」を育む教育実践のために	林　忠幸	二三八一円
新世紀・道徳教育の創造	林　忠幸編	二八〇〇円
学ぶに値すること ―複雑な問いで授業を作る	小田勝己	二三〇〇円
再生産論を読む ―バーンステイン、ブルデュー、ボールズ＝ギンティスの再生産理論	小内　透	三三〇〇円
階級・ジェンダー・再生産 ―現代資本主義社会の存続メカニズム	小内　透	三三〇〇円
教育と不平等の社会理論 ―再生産論をこえて	橋本健二	三三〇〇円
情報・メディア・教育の社会学 ―カルチュラル・スタディーズしてみませんか？	井口博充	二三〇〇円

〒113-0023 東京都文京区向丘1-20-6
5TEL 03-3818-5521　FAX 03-3818-5514　振替 00110-6-37828
Email tk203444@fsinet.or.jp　URL: http://www.toshindo-pub.com/

※定価：表示価格(本体)＋税